10代スポーツ選手のための

パーソナルフードトレーニング

PERSONAL FOOD TRAINING

最先端の栄養学に基づく新しい食事バイブル

フードトレーナー　三戸真理子 著

KANZEN

はじめに

なぜスポーツ選手にとって食事が重要なのか

人は生きていく上で必ず運動をしています。それは、立つ、座る、寝る、といった、普段の生活活動もすべて含めて「運動」です。

スポーツ選手はさらに、投げる、蹴る、走る、飛ぶなど、激しい運動を繰り返します。これらの運動を行う際に必要なのがエネルギーで、食事から補給する以外に方法はありません。もちろん激しい運動をしない人にとっても食事は重要なものですが、スポーツ選手はエネルギー消費が激しい分、より力を注がなければいけない分野なのです。

人が生きていく上で必要な栄養素は、糖質、脂質、タンパク質、ビタミン、ミネラルです。この5つは「五大栄養素」として広く知られており、小学校の家庭科の教科書でも習うこと。保護者のみなさまも聞き覚えがあるのではないでしょうか。

五大栄養素を摂取するのは、実はそれほど難しくありません。例えば牛丼のチェーン店に行き、牛丼に加えて味噌汁、サラダを頼めば、五大栄養素をカバーできます。少し意識するだけで、五大栄養素は簡単に摂取できるのです。

それぞれの体質に合った食事がある

しかし、スポーツ選手のようにより食事にこだわる必要がある人は、自分が何の食材を吸収しやすいのか、逆に吸収しにくいのか、自分の特性を把握していく必要があります。そのための大きなヒントになるのが、血液型、利き手・利き足、出身地、体温、体重の増減、便などの、選手個々の体質なのです。

他の多くの食事や栄養の本では、一般に広く当てはまる栄養学として、五大栄養素をもとに、「筋力トレーニングにはタンパク質」、「エネルギー補給には糖質」、「疲労回復にはビタミン」という風に、栄養素ベースでの記述がされています。それらは決して間違いではなく、基礎知識として必要なものです。

本書では基礎的な栄養学に加え、著者がドイツ、アメリカで研究してきた血液栄養の知見を盛り込み、個々人の体質や生活習慣、精神面の状態まで考え、いつ、どんな時に、どんな料理を出せば良いのかがわかるようになっています。子どもの好き嫌いに悩んでいる方、食事の重要性はわかっているけれど、何を作れば良いかわからない方、忙しくてなかなか料理の時間が作れない方……。家庭によってさまざまなライフスタイルがありますが、この本を手に取ってくださった方に著者のメソッドを知ってもらうことで、悩みの解決の一助となれば幸いです。

フードトレーナー　三戸真理子

Question

なぜ血液型で食事を変えるのですか？

血液型によって、消化・吸収が得意な食材、苦手な食材の傾向があるからです。

→P.16

Question

体温は食事にどんな影響があるのですか？

代謝の目安になり、胃の消化能力をある程度見ることができます。

→P.30

Question

子どもが風邪をひいてしまいました。

症状によって食べるものを変え、体をサポートしましょう。

→P.36

Question
A型の子どもがいますが、料理の時間がなかなか取れません。

**簡単に作れる鶏ハムがあります。
鶏の胸肉はA型の子も
効率よく吸収できる傾向があります。**

→P.62

Question
朝食には何を食べれば良いでしょうか？

**ホタテを食べると、
疲労回復に効くビタミンBが
お昼頃から体に吸収され始めます。
もちろん、朝食以外にもおすすめです。**

→P.88

Question
O型の子どもがいて、肉が大好きです。

**食べ合わせを考えれば、
スポーツ選手でも
焼肉を楽しむことができます。**

→P.98

CONTENT

パーソナル
フード
トレーニング
PERSONAL FOOD TRAINING

02 はじめに

10 Chapter2、レシピインデックスの使い方

CHAPTER 1 体質を知る

食事タイプ問診票 …… 12

01 血液型でわかる得意な食材／苦手な食材 …… 16

02 利き手・利き足による体の作り …… 24

03 出身地によって味の好みが変わる …… 26

04 過去の負傷歴から栄養の貯蓄を知る …… 28

05 体温で食事を変える …… 30

06 太りやすい？　痩せやすい？ …… 32

07 「むくむ」と「太る」は違う …… 34

08 風邪をひきやすいかどうかで食事を変える …… 36

09 排便で体調を見る …… 38

10 そもそも食欲ある？　世界を目指すなら腹八分目 …… 40

11 食事以前に水は飲んでる？ …… 42

12 アスリートにとって魚は必須食品 …… 44

13 果物を食べているかどうか …… 46

14 お菓子やジュースはアスリートの大敵 …… 48

15 夜、ちゃんと寝られてる？ …… 50
16 髪のツヤは？ 爪の線は？ 体の末端を見る …… 52
17 酸っぱい食べ物がほしい時は疲れている合図 …… 54
18 お箸の持ち方や三角食べは理にかなっている …… 56
19 「こしょく」が食事の吸収率を下げる …… 58
20 目標を設定して無理なく楽しい食習慣を …… 60

CHAPTER 2 タイプ別レシピ集

簡単調理でタンパク質を摂取できる鶏胸肉のプレート …… 62
消化効率を考えた試合前日に食べる鶏汁 …… 64
見た目も楽しみながら良質な動物性タンパク質をとれる手羽元 …… 66
ルーを使わない低脂質の「アスリート仕様」カレー …… 68
疲労回復とエネルギー補給の一石二鳥のレモンチキンステーキ …… 70
かぼちゃの種を入れた鶏肉のつくねスティック …… 72
植物性タンパク質を豊富にとれるA型向けの豆腐ステーキ …… 74
植物性の食材で統一して消化するオートミール枝豆ハンバーグ …… 76
肉や魚と同じように豊富なタンパク源となる厚揚げ …… 78
栄養豊富なフレッシュトマトで作るエビチリ …… 80
食欲がない時にさっぱりと栄養をとれる鯖缶サラダ …… 82
高タンパク低カロリーのたこ飯を多くの副菜でサポートする …… 84

疲労回復が目的のあさりの蒸し煮とわかめご飯 …… 86
調理が簡単で栄養も確保できる朝食向きのホタテステーキ …… 88
成長期に食べたいカルシウムたっぷりのじゃこ大根葉丼 …… 90
包み焼きで栄養を閉じ込めたサーモンの包み焼き …… 92
エネルギー補給と疲労回復をするオイルサーディン丼 …… 94
O 型、B型向けの牛肉のポリフェノール煮込み …… 96
スポーツ選手が楽しむ高タンパク低カロリーの焼肉 …… 98
栄養と吸収のための食材を一度にとるアスリート牛丼 …… 100
動物性、植物性のタンパク質を補給するポークビーンズ …… 102
旬の野菜を使い季節を問わずに食べる塩おでん …… 104
好きなおかずをのせてアレンジを楽しむお稲荷さん …… 106
麺類がほしい時に食べる米粉でできたフォー …… 108
米粉を使い具を血液タイプ別にアレンジするお好み焼き …… 110
ひと工夫したつゆに野菜を添えて食べる十割蕎麦 …… 112
いろいろな色の野菜を食べることで幅広い栄養をとるアクアパッツァ …… 114
鉄分が豊富な高野豆腐を入れたラタトゥイユ …… 116
陰陽の重ね煮でうまみを引き出すミートベジ …… 118
魚が生でも食べられる豆乳鍋 …… 120

食事タイプ別レシピ実用例 …… 122
［コラム］ 丁寧に生きるということ …… 126

CHAPTER 3 お悩み別食事解消法

Question 01 子どものやる気が出ない …… 128

Question 02 失敗を怖がって意欲的になれない …… 130

Question 03 何かのきっかけですぐ怒ってしまう …… 131

Question 04 集中力が持続できない …… 132

Question 05 食事の好き嫌いが多くバランスの良い食事ができない …… 134

Question 06 練習や試合が多く負荷が高くて疲労が抜けない …… 136

Question 07 怪我の治りが遅い …… 137

Question 08 筋肉系の怪我が多い …… 138

Question 09 試合前や試合中にトイレに行きたくなる …… 139

Question 10 体の柔軟性がない …… 140

Question 11 試合の翌日に体調を崩してしまう …… 142

Question 12 持久力がつかない …… 144

145 **レシピインデックス**

158 **おわりに**

Chapter2 & レシピインデックスの使い方

Chapter2には、Chapter1で解説した体質のうち、血液型ごとの献立を紹介しています。
また「レシピインデックス」（→P.146）では、Chapter2で紹介した献立の調理法を紹介しています。
このページを読んで使い方を理解し、ご家庭での調理に役立ててください。

献立の狙い、効果、調理の際のポイントなどを詳しく解説しています。

献立の効果とメイン料理を記載しています。

この献立が向いている血液型を表しています。

肉のやわらかさと栄養の両方を保持しておいしく食べる

このメニューはタンパク質の摂取が一番の目的です。脂質の少ない鶏の胸肉を選び、肉が苦手なA型でも食べられる献立に仕上げています。

タンパク質をとるだけでは不十分で、体に吸収させるためにはビタミンBやミネラルが必要です。それらを含んでいるのが玉ねぎ。ソースとスープに玉ねぎを入れて、ビタミンBとミネラルを補充します。

また、アマランサスという穀物と一緒に炊いたご飯もポイントです。アマランサスにはビタミンB群やマグネシウム、カリウム、亜鉛、鉄分など、多様な栄養素が豊富に含まれており「スーパーフード」と言われる穀物です。

中でも本書で重視しているのはマグネシウム。タンパク質や炭水化物の吸収を助け、筋肉とエネルギーのもとになる栄養です。この後のレシピでも、アマランサスご飯と肉のセットは度々登場します。

調理法もポイントです。湯が沸騰したら火を止め、カットした鶏肉を密閉袋に入れて、湯の中に入れて放置するだけ。熱が通るのを待っている間にほかのメニューの調理や洗い物ができるので、時間の面でも効率的です。

また、この調理法には栄養的な観点から見てもメリットがあります。鶏肉がパサパサしがちなのは、高温すぎる火にさらして肉の中のタンパク質が硬くなるため。タンパク質は68度以上になると硬化をはじめ、その他の栄養も壊れてしまいます。魚の調理に焼くことと揚げることをおすすめしないのも同じ理由です（→P.44）。しかし、この調理方法ならタンパク質を痛めることなく火を通すことができ、栄養も肉のやわらかさも保つことができます。

肉と玉ねぎソース、玉ねぎスープが食べられれば、最悪サラダはなくても構いません。タンパク質と玉ねぎの摂取を意識しましょう。

まとめ

- ○タンパク質の摂取が目的
- ○玉ねぎも食べて吸収効率をあげる
- ○アマランサスご飯でマグネシウムもとる
- ○調理は鶏肉を湯に入れるだけ

時短！

密閉して湯に入れるだけ 冷凍保存もOK

鶏肉は袋で密閉して、沸かした湯に入れるだけ。下味をつけた鶏肉を冷凍して保存しておいて、温めるだけの状態にしておくこともできます。

ズボラ鶏ハムの詳しいレシピはP.146へ

061

CHAPTER 2

A型 recipe

AB型 recipe

簡単調理でタンパク質を摂取できる鶏胸肉のプレート

鶏の胸肉を使い、**動物性タンパク質を多くとる**メニューです。
また、タンパク質を効率よく活用するために、
ビタミンが豊富な野菜も同じプレートにのせます。
この調理法ならパサパサしがちな胸肉でもおいしく食べられます。

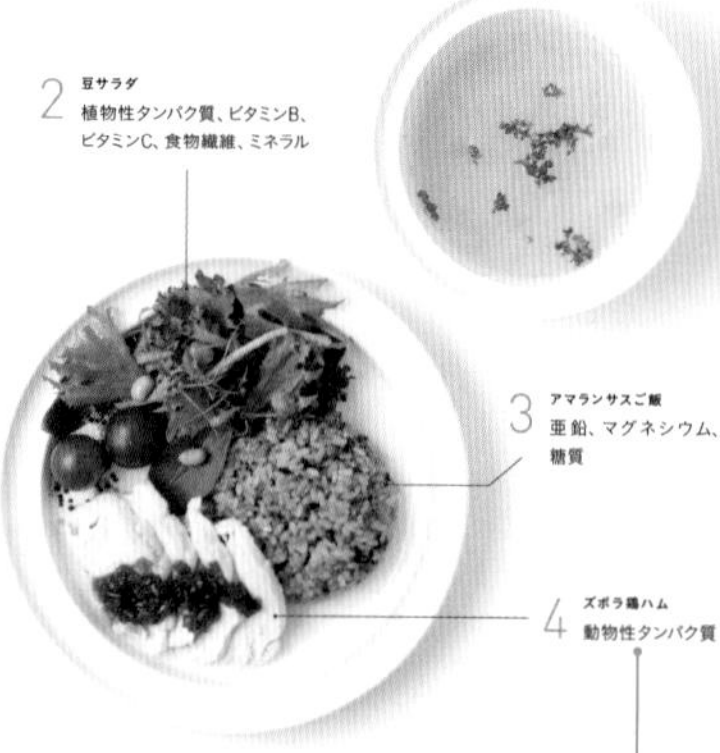

1 玉ねぎスープ
ビタミンB

2 豆サラダ
植物性タンパク質、ビタミンB、ビタミンC、食物繊維、ミネラル

3 アマランサスご飯
亜鉛、マグネシウム、糖質

4 ズボラ鶏ハム
動物性タンパク質

062

メイン料理のレシピが記載してあるページを表しています。

この献立の解説を短くまとめています。

時短の方法、レシピのアレンジのコツ、特に効果のある食材などを解説しています。

品名と主な栄養素を記載しています。

玉ねぎスープ

(P.62、P.70、P.80、P.96、P.116)

品名と記載ページを表しています。

《作り方》

❶鍋底に塩をひとつまみ入れ、回し切りした玉ねぎを入れる
❷鍋が焦げない程度に水を入れ、弱火で加熱する
❸玉ねぎに火が入ったら水を足し、コンソメを入れて温める
❸皿によそい、パセリをかけて完成

調理過程を表しています。

《材　料》

玉ねぎ／パセリ／コンソメ／塩／水

調理に必要な材料を表しています。分量は記載しておらず、家庭の味に調整してOKです。

CHAPTER

1

体質を知る

まずは自分や子どもが

どんな体質なのかを知り、

その体質ごとに食べるべき食材を知りましょう。

「食事タイプ問診票」に記入し、

自分や子どもの体質を把握してから、

解説を読み進めてください。

食事タイプ問診票

まずは自分や子どもの「食事タイプ」がどんなものになるのか、
このページの問診票で確認してみましょう。

変わらない体質

血液型は? →P.16	□ A型	□ B型	□ O型	□ AB型
利き足は? →P.24	□ 右利き	□ 左利き		
幼少期を 過ごした地域は? →P.26	□ 東北地方など 比較的寒い 土地	□ 首都近郊など 寒い時期と 暑い時期の 両方がある土地	□ 九州など 比較的温暖な 土地	

変化する体質

打撲、捻挫、骨折など、 スポーツを休まなければ いけない怪我を最後に したのはいつ? →P.28	□ 1ヶ月以内	□ 3ヶ月以内	□ 半年以内	□ 9ヶ月以内	□ 1年以上前
平熱はどれくらい? →P.30	□ 35度〜 35.5度	□ 35.6〜 36度	□ 36.1度〜 36.5度	□ 36.6度〜 37度	□ 37度以上
体重の増減は? →P.32	□ 体重の変化 があまりない	□ 痩せやすい	□ 太りやすい		
体はむくみやすい? →P.34	□ あまりむくむ ことはない	□ むくみやすい	□ 太りやすい		
風邪をひく頻度は? →P.36	□ 週に1回、 もしくは それ以上	□ 月1回程度	□ 3ヶ月に 1回程度	□ 半年に 1回程度	□ ほとんど 体調を 崩さない
大便の頻度は? →P.38	□ 1日 1回以上	□ 3日に 1回程度	□ 週に 1回程度		
大便の質は? →P.38	□ かたすぎず やわらか すぎず一本	□ 腹痛を伴い 排泄物が 液体に近く 匂いもきつい	□ かたくひび 割れおり 排泄の際も 肛門が痛い	□ 小さい便が 何個も 出てくる	

生活習慣

	4点	3点	2点	1点
普段、食事の時に 食欲はある？ →P.40	□お腹が空いており食欲旺盛	□空腹ではないが食欲はある	□空腹だが食欲はあまりない	□空腹状態にはならず食欲もない
普段、水をどのくらい 飲んでいる？ →P.42	□意識し1日に1リットル以上の水を飲んでいる	□意識しているが1日に500ml程度しか飲めていない	□意識はしていないが、喉が渇いた時には水を飲むことが多い	□お茶やジュースで水分補給をしている
普段、魚をどのくらい の頻度で食べている？ →P.44	□毎食	□1日に1食	□3日に1食	□2週に1食か それ未満
普段、果物をどのくらい の頻度で食べている？ →P.46	□毎食	□1日に1食	□3日に1食	□1週に1食か それ未満
普段、市販の菓子や ジュースをどのくらい の頻度で食べている？ →P.48	□週に1、2度	□2日に1度程度	□ほぼ毎日	□1日2度以上
睡眠時間は 確保できている？ →P.50	□8時間程度	□7時間程度	□6時間程度	□5時間未満
爪や髪の状態は？ →P.52	□爪にヒビや縦線もなく、髪にもツヤがある	□爪に縦線があるが、髪にはツヤがある	□髪は痛んでいるが、爪にヒビや縦線はない	□爪に縦線やヒビが入っており、髪の毛も痛んでいる
レモンや梅など、 酸っぱい食べ物が 食べたくなることが多い？ →P.54	□それほど食べたくならない	□たまに食べたくなる	□頻繁に食べたくなる	□いつも食べたい

精神面

	4点	3点	2点	1点
三角食べ、お箸の 持ち方、咀嚼音など、 テーブルマナーは？ →P.56	□意識して実践している	□意識はしているが、習慣にはなっていない	□知っているが実践していない	□知らないし実践もしていない
ご飯は誰と 食べている？ →P.58	□毎食、他の人と一緒に楽しく食べている。	□他の人と一緒に食べるご飯が毎日1食以上ある	□誰かと食べるのは2、3日に1食程度	□ほぼ毎日毎食、一人で食べている
夢や目標はある？ →P.60	□長期的な夢と短期的な目標がある	□短期の目標はないが長期の夢はある	□長期の夢はないが短期の目標はある	□夢や目標はない

生活習慣

生活習慣は、本人の意識さえあればすぐにでも変えることができます。
P.13の問診票で記録した点数を、このページのグラフに記録しましょう。
グラフが大きいほど、スポーツ選手として良い生活習慣が身についていると言えます。

普段、食事の時に
食欲はある？
→P.40

普段、水を
どのくらい飲んでいる？
→P.42

普段、食事の時に
食欲はある？
→P.54

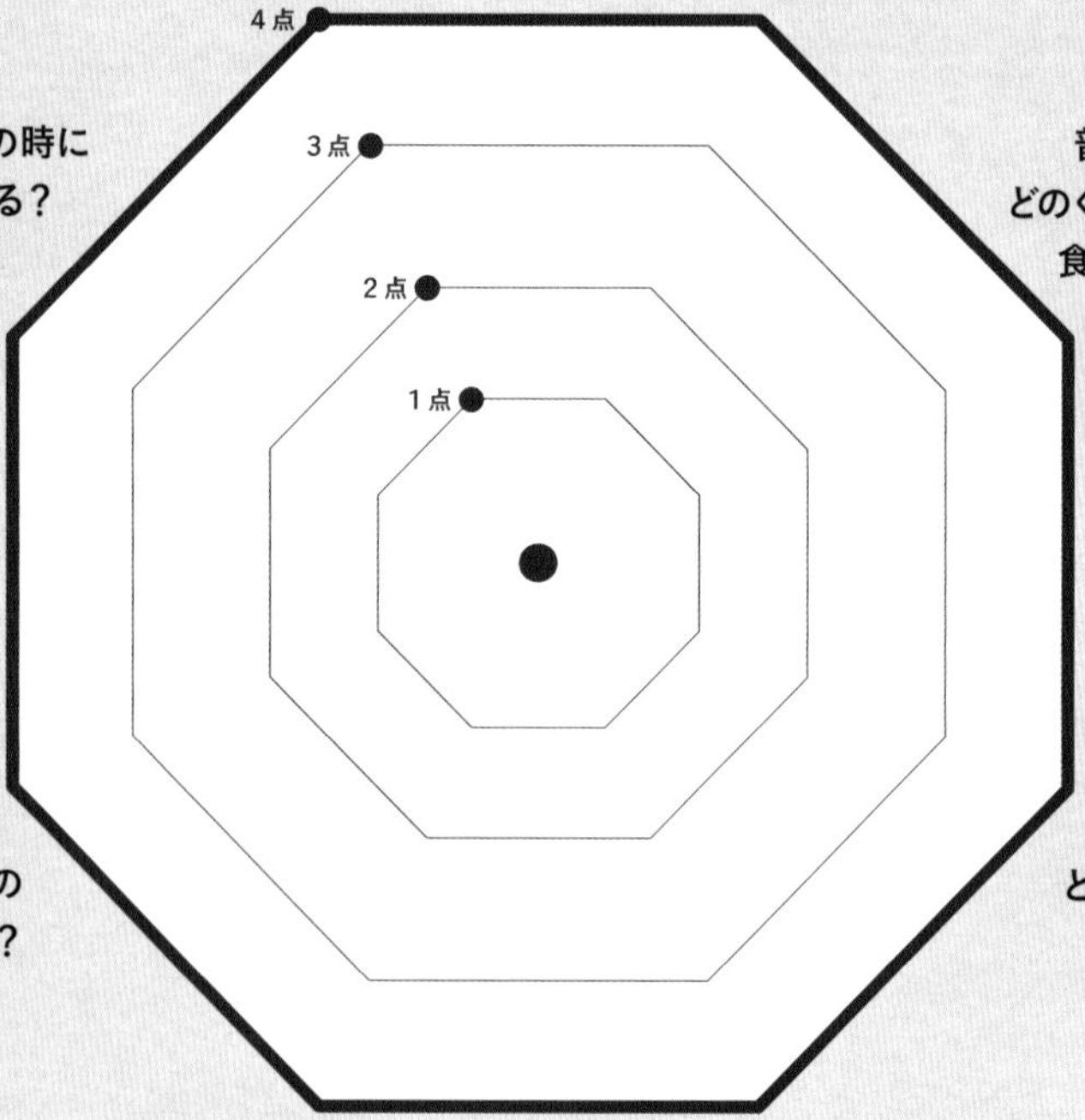

普段、魚を
どのくらいの頻度で
食べている？
→P.44

爪や髪の
状態は？
→P.52

普段、果物を
どのくらいの頻度で
食べている？
→P.46

睡眠時間は
確保できている？
→P.50

普段、お菓子やジュースを
どのくらいの頻度で食べている？
→P.48

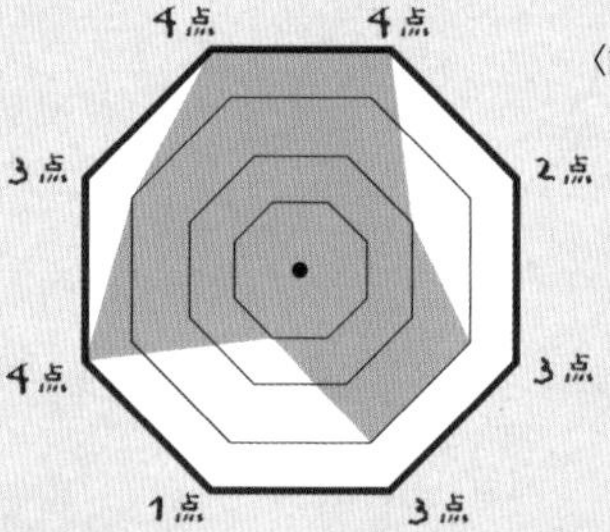

〈記入例〉

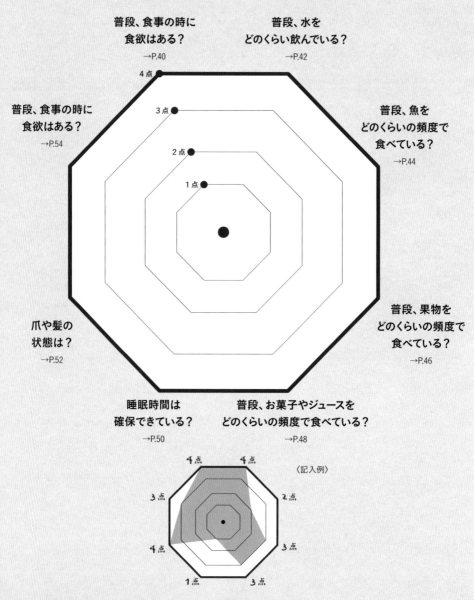

精神面

精神面が食事に与える影響は大きく、誰と食べるか、どんな気持ちで食べるか、
明確な目的意識を持って食事をとるかによって、栄養の吸収率が変わります。
グラフが大きいほど、食事の際の精神的な充実度が高いと言えます。

三角食べ、お箸の持ち方、咀嚼音など、
テーブルマナーは？

→P.56

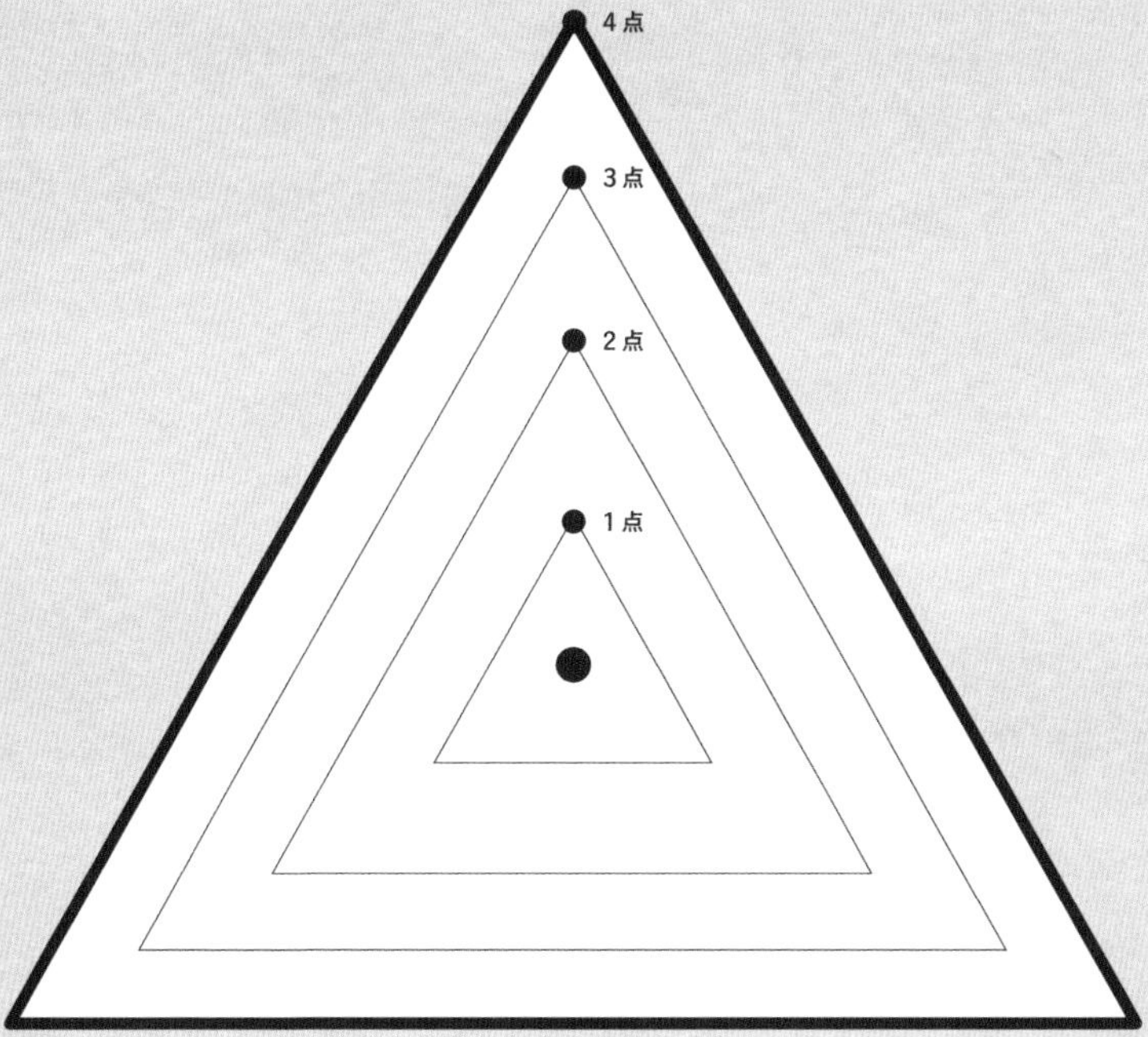

夢や目標はある？

→P.60

ご飯は誰と食べている？

→P.58

〈記入例〉

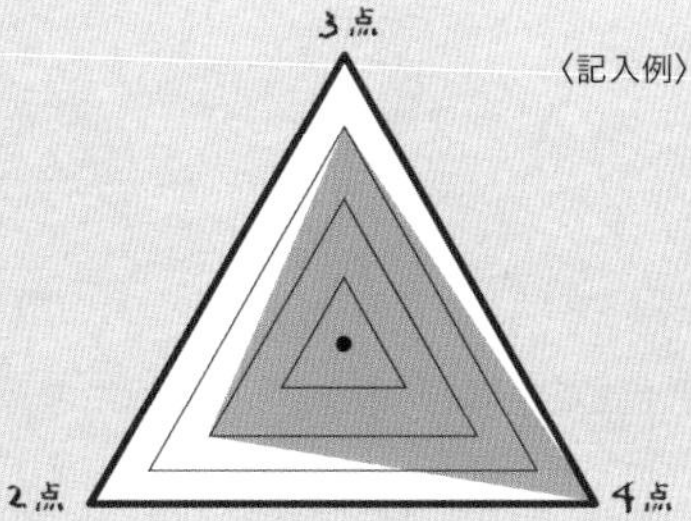

01 血液型でわかる得意な食材／苦手な食材

いかに効率よく消化・吸収できるか

人は個々人によって、得意な食べ物と苦手な食べ物があります。と言っても、味の好き嫌いの話ではありません。いかに効率よく食材を消化し、食材の栄養を吸収し、体に循環させて血肉となり、パワーに交換できるか、という意味です。例えば、2人の人がバナナを同じ量だけ食べたとしても、バナナが胃の中で消化されるまでにかかる時間や、バナナに含まれているビタミンや糖質、カリウムなどの栄養素の吸収率は、2人とも違うでしょう。体型が違えば、必要な栄養素の量や吸収率も微妙に変わります。つまり、ある食材を食べることで、より効率的に消化・吸収できる食材を「得意な食材」、消化・吸収に時間とエネルギーが必要な食材を「苦手な食材」というのです。

苦手な食材を食べれば、消化・吸収に時間とエネルギーが必要で、疲労が溜まってしまいます。その疲労が、朝、目が覚めた時に体がだるかったり、仕事に集中できなかったり、子どもなら授業に集中できず居眠りしてしまったりする、といったことにつながります。得意な食材を食べれば、朝すっきりと目覚めて、勉強や仕事にも集中し、良いパフォーマンスを発揮できるかもしれません。

得意な食べ物を食べれば、スポーツの際に体が良く動いたり、勉強の際にも集中力が上がったりします。苦手な食べ物を食べると、スポーツで体が重かったり、日常生活でもなんとなく体がだるかったりします。

血液型で得意／苦手な食材の傾向を知る

では、自分は何の食材が得意で、何の食材が苦手なのか？　それを知るための大きなヒントになるのが「血液型」です。

血液型は、主に赤血球の型で区別されています。血液型の区別がいつ生まれたのかは諸説ありますが、O型がもっとも古く、次にA型、最後にB型とAB型が生まれたとする説が有力です。各血液型が生まれた時代によって、食事で何を食べていたのかという傾向が異なります。その傾向により、得意／苦手な食材が生まれ、子孫である私たちに引き継がれているのです。

ただし、現代人はA型とB型の両親のもとに生まれたA型の子がB型に近い性質を持つなど、多種多様な血族が混ざり合っています。そのため、単に「A型は○○が苦手」と言い切ることはできず、あくまで「そういった傾向がある」と認識してください。実際に食材を食べてみて、自分の得意な食べ物／苦手な食べ物を把握していくのが良いでしょう。

また、仮に苦手な食材を食べたとしても、発作を起こしたり高熱が出たりするなどの激しい反応はほとんどありません。日常生活への影響はさほど大きくないはずです。しかし、スポーツ選手は一般人よりも運動量が多く、そのぶんだけ基礎代謝も高まり、必要なエネルギーも多くなります。そうなると、ここで述べたような些細な疲労や倦怠感を感じやすくなるのです。自分が何を食べた時に調子が良いのか、悪いのか、把握しておくことが大切です。

食材の得手／苦手を決める重要な要素のひとつが、血液型です。著者が選手の食事を組み立てる際には、血液型が大きな指針になります。ただし、生活習慣や出身地、怪我の習慣なども綿密に関わってくるので、単純に振り分けることはありません。あくまで血液型を基準に、その他の多くの要素も踏まえて献立を決めていきます。

A型の特徴

A型は、O型の次に発生したと言われており、農耕民族が出身の血液型だとする説が有力です。米を育て、森で木の実や穀物を収穫して食べていました。その名残から、米など穀物、大豆、野菜全般、果物と相性が良い傾向があります。

特筆すべきは、炭水化物を食べることが苦にならないことです。朝からご飯を3杯食べられる、という人も少なくありません。練習や試合の合間におにぎりを食べても問題ないでしょう。米に含まれる炭水化物は重要なエネルギー源なので、米を多く食べられることは他の血液型と比較して非常に優位な点です。

米と同時に、野菜も食べたいところです。A型は野菜も全般的に得意な傾向があります。米は日本人の主食として親しまれている炭水化物ですが、一度に食べすぎると血糖値が急上昇し、脳の働きが不安定になったり、炭水化物のとりすぎで太ったりしてしまうこともあります。野菜に含まれる食物繊維は、血糖値の急上昇を抑えてくれる役割があるので、野菜を積極的に食べると良いでしょう。果物も同様で、何を食べても体との相性が良いことが多いです。

反対に、牛、豚、鶏などの肉や、乳製品など、動物性の食材の消化酵素はあまり持っていない人が多いです。消化酵素を持っていなければ、エネルギーの消化・吸収をうまく進めることができません。なるべく肉を食べることは避け、タンパク質や脂質は、魚や、大豆などの植物性の食材からをると良いでしょう。もし肉を食べる時は、鶏のささみや胸肉など、脂質の少ない肉を選ぶのがベターです。

農耕民族出身と言われるA型は、米や野菜、木の実や果物を食べてきました。そのため、野菜、穀物、果物全般が得意な傾向があります。反対に、種類を問わず肉が苦手な傾向があるため、タンパク質は魚からとるのが向いています。

B型の特徴

B型は比較的新しい血液型とされています。諸説ありますが、山脈や高地に移り住んだ移民がB型に変化していったとする説があり、厳しい気候や限られた食材に適応する形をとった民族だったようです。動物も植物も、状態の良いものも悪いものも食べる必要があったため、さまざまな食材の消化酵素や遺伝子配列を作っていきました。

その結果、現在のB型は苦手な食材が比較的少なく、肉、魚、野菜、果物など、多くの食べ物を食べられる傾向があり、恵まれた血液型であると言えます。その中でも特にタンパク質は多くとっておきたい栄養素で、動物性、植物性ともに、消化・吸収を苦にしません。毎食で肉や豆類を取り入れ、タンパク質をなるべく多くとるように意識します。

また、タンパク質の吸収を助ける食材も必要です。ビタミンBやマグネシウムをとることで、タンパク質の消化・吸収を助けることができます。玉ねぎ、わかめなどの海藻を食べると良いでしょう。

一方で、穀物はやや苦手な傾向があります。米、小麦、とうもろこし、蕎麦などです。はっきりと「苦手な食材」と言えるものではありませんが、体調が悪い時にラーメンや炒飯のような炭水化物メインの食事は避けた方が良いでしょう。また、人によっては朝ご飯で米を食べられない場合もあるので、体が活発になってから米を食べるのが良いかもしれません。

B型は山脈や高地などの厳しい環境に移り住んだ民族が祖先だと言われています。動物も植物も少なく、限られた食材を捨てるわけにはいかなかったので、どちらにも適応できる遺伝子を作っていきました。

O型の特徴

O型はもっとも古い血液型だと言われています。農耕を始める前に、狩猟民族の時代から多くの人間がO型だったと言われており、昔から動物を狩って主食としてきました。そのため、肉は全般に得意としています。タンパク質を多くとれる血液型はアスリートに向いているタイプで、事実、O型のアスリートは他の血液型よりも多いです。

人間は体の中に「アルカリホスファターゼ（ＩＡＰ）」と呼ばれる肉の消化酵素を持っています。O型は他の血液型よりもＩＡＰの量が極端に多いため、肉の消化が得意なのです。B型もこの消化酵素が多いのですが、O型はさらに多く持っています。B型と同様に、食事の際には肉と一緒に野菜を食べて、タンパク質の吸収を助けるビタミンBやマグネシウムをとることも意識しましょう。

また、ＩＡＰは肉の消化の他に、肉からカルシウムを吸収する機能も持っています。O型は特にＩＡＰを多く持っているため、他の血液型よりも肉からカルシウムを吸収することができるのです。O型は肉は得意な一方、牛乳やチーズ、バター、ヨーグルトなどの加工された食品は苦手な傾向があるため、カルシウムがとりにくい血液型です。肉や野菜、海藻、魚からカルシウムをカバーすると良いでしょう。ただし、脂の多い肉は禁物です。

また、小麦も避けた方が良いでしょう。もともと苦手な傾向にある食材な上に、パンや麺類など、加工されて食べることが多いのが小麦です。O型に向いている食材とは言えません。

O型の歴史は人類の中でもっとも古く、狩猟民族が出身と言われています。肉を多く食べていたため、現在のO型も肉を得意にしている人が多いです。

AB型の特徴

AB型は10~15世紀に登場したと言われ、血液型の中ではもっとも新しいタイプです。名前の通り、A型とB型が合わさってできている血液型なので、食事も両血液型の良いところを受け継いでいる、いわばハイブリッドな血液型です。米などの穀物野菜が得意で、それはA型の特徴。B型の特徴である肉の消化酵素も持っているので、脂肪の少ない肉なら効率よく消化・吸収できるでしょう。

AB型の特徴は、胃酸が少ないことです。胃酸が少なければ消化のスピードが遅くなるため、一度の食事で多くの量を食べることができません。AB型の子どもの中には、「お腹が空いた」という割に食べる量は少なく、食べ終わった後もすぐにまたお菓子を食べたくなる、という子も一定数います。一度に食べられる量が少ないことを本能的にわかっているので、なるべく空腹状態を避けようとするからです。そういった場合は、1回の食事で食べる量を少なくして、1日5食程度に分けてあげるのが良いでしょう。

ハイブリッドゆえに苦手な食材はあまりありませんが、砂糖の分解が他の血液型よりもやや苦手なので、息抜きのお菓子もケーキやチョコなどの甘い食材を避けた方が良いでしょう。カフェインやアルコールは体内の処理に時間がかかりますが、子どもが摂取する機会はほとんどない上に、大人でもアスリートがとるべきものではありません。基本的な栄養素をおさえ、食事の量と回数に気をつけていれば、体調を整えやすい血液型です。

AB型は、血液型の中ではもっとも新しいタイプと言われています。A型とB型の長所を受け継いでおり、肉も野菜も得意なので、体調を整えやすいタイプです。

血液型の特徴

血液型	特徴	得意な食材	苦手な食材
A型	○農耕民族出身 ○肉が苦手な傾向 ○野菜、穀物、果物は全般的に得意 ○米を多く食べられるので、エネルギーを補給しやすい	○米、蕎麦などの穀物 ○ほうれん草、小松菜、ブロッコリーなど色の濃い野菜 ○人参、大根、かぼちゃなどの根菜類 ○まいたけなどのきのこ類 ○枝豆などの豆類	○鶏、豚、牛などの肉類 ○牛乳、チーズ、ヨーグルトなどの乳製品
B型	○比較的新しい血液型 ○厳しい環境の中であらゆる種類の食材に適応した ○そのため苦手な食材が少なく、なんでも食べられる傾向 ○穀物のみやや苦手な傾向がある	○鶏、豚、牛などの肉類 ○牛乳、チーズ、ヨーグルトなどの乳製品 ○ほうれん草、小松菜、ブロッコリーなど色の濃い野菜 ○人参、大根、かぼちゃなどの根菜類 ○えのき、まいたけなどのきのこ類	○米、蕎麦などの穀物
O型	○もっとも古い血液型 ○狩猟民族出身と言われている ○肉を中心に食べてきたため、特に肉が得意 ○肉を食べてカルシウムをとることもできる ○野菜全般も得意な傾向がある ○乳製品はやや苦手な傾向がある	○鶏、豚、牛などの肉類 ○ほうれん草、小松菜、ブロッコリーなど色の濃い野菜 ○人参、大根、かぼちゃなどの根菜類 ○えのき、まいたけなどのきのこ類	○牛乳、チーズ、ヨーグルトなどの乳製品
AB型	○もっとも新しい血液型 ○Ａ型とＢ型の長所を持つハイブリッドタイプ ○基本的に苦手な食材は少ない ○胃酸が少なく、一度に多くの量を食べることができない	○食材全般	○特になし。強いて言えばカフェイン、アルコール ※一度の食事で多くの量を食べられない

両親の血液型も影響する

ここまで血液型ごとの特徴と、それぞれの得意な食べ物、苦手な食べ物を述べてきました。しかし、これらはあくまで傾向の話です。

血液型が発生したと言われる時代の人々は、同じ種族間で子孫を残してきました。そのため、別の血液型が生まれる可能性は低く、血液型による食べ物の傾向は現在よりも強く現れていたと考えられます。

しかし現代人は、A型の父親とB型の母親の間に子どもが生まれるなど、混血化が進んでいるため、純粋なA型、O型ではありません。血液型は染色体によって決まりますが、染色体は両親のものを半分ずつ受け継いで構成されます。そうした子は、仮にA型の血液型であっても、B型の気質が食事に現れることがあります。そのため、血液型だけで何が適した食事なのか、すべて判断することはできません。血液型による食事の得意／苦手は、あくまで傾向であることを理解する必要があり、自分や子どもはどんな食材が得意なのかをより正確に理解しようとする努力が必要です。

著者が実際にアスリートの食事を指導する際には、血液型以外に生活習慣や食習慣、出身地、利き手・利き足、過去の負傷歴など、さまざまな要素を入念にヒアリングして、とるべき食材を勧めています。本書では、大まかな傾向をもとにとるべき食材を紹介していきますが、より厳密に個々に適した食材を知りたい場合は、血液検査やアレルギー検査をすると良いでしょう。

血液型は、食事タイプの決定的な基準にはなりません。あくまで「傾向がある」という目安に捉えて、実際の食事と体の調子を自分で観察することが大切です。実際にどんなところを見るべきかは、次ページ以降で解説します。

02 利き手・利き足による体の作り

使い方が偏ると内臓の位置や形も変わる？

人には必ず利き手・利き足があります。利き手ならペンを持って文字を書いたり、お箸やスプーンでご飯を食べたりする方。利き足なら、歩き出す時に最初に出る足、ジャンプする時に踏み切る足、ボールを蹴る時の蹴り足です。同じように、利き目や利き耳もあります。

得意な方の手足は日常生活でも使用頻度が高まり、筋肉や神経回路が発達していきますが、逆の手足はあまり使われないため、発達が進みません。逆の手でうまく文字が書けないのは、発達が進んでいないからです。

利き手・利き足は、スポーツをしているかどうかに関わらず、すべての人が持っています。おそらく何も意識しなければ、利き手・利き足ばかりを使って生活しているので、利き手とは逆の手で軽いものを持つ、踏み出す足を逆側にしてみるなど、かんたんなところから逆の手足を使うことを意識してみると良いでしょう。特に手は脳の発達にも関わっており、両手を使える方が右脳と左脳をバランスよく使える傾向が強いため、両手をバランスよく使えるように子どもに声かけするのもおすすめです。

利き手・利き足はすべての人にあり、使いやすい方の手足が決まっています。稀に両利きの人や、後から利き手・利き足を矯正する人もいます。

足が左利きの人は腸が歪みやすい

食事の面で影響が大きいのは、利き足です。特に左利きのサッカー選手は、著者が注視する対象です。

例えば、左利きのサッカー選手が左サイドでずっと出場し続けていると、長い距離を飛ばすキックを何回も左足で蹴ることになります。左利きのサッカー選手は、左利きであること自体が武器になることが多いため、右利きの選手に比べ逆足のトレーニングが少なくなりがちで、体の歪みの傾向はより顕著です。そういったキックを続けることで、骨盤が歪み、体内で腸の位置が上にずれることがあります。腸が上にずれれば、胃で消化された食べ物が行き渡るまでに時間がかかり、食事の吸収効率が悪くなってしまいます。そうなれば食欲にも影響を与え、食事の量が減ってしまいます。

また、陸上の幅跳び、三段跳び、ハードルの選手、バスケ選手なども、ジャンプの際にずっと左足で踏み切っていれば、同様の事態が起こります。左利きの選手は、左足で踏み切ることになり、左側の臓器が歪みやすくなります。

体内の臓器はもともと左右非対称なので、それ自体は問題ありません。ですが、骨盤や姿勢の歪みによって、臓器が本来あるべき位置にない場合は、食生活に大きな影響を与える可能性があります。まずは整骨院や整形外科で、自分の骨や姿勢が歪んでいないか、確かめてみてください。その上で、右足もなるべく使うように心がけましょう。

特に影響が大きいのは利き足です。サッカーで蹴る足やジャンプで踏み切る足が偏ると、内臓の歪みにつながります。両足をバランスよく使うことや、消化の良い食事を意識する必要があります。

03 出身地によって味の好みが変わる

暑い地域、寒い地域で食べてきたものが違う

日本は地域によって寒暖差が激しい国です。真冬なら、北海道は氷点下まで気温が下がり、毎年雪の対策に追われますが、沖縄は1月でも15度前後の過ごしやすい気候です。また、北海道などの寒い地域にいても、冬はほとんど屋内の暖かい中で過ごすため実は寒さに弱い、といったケースもあり、寒い時期に体調を崩しやすくなります。

出身地域の気候によって変わるもうひとつの要素が、各家庭の料理の味、いわゆる「おふくろの味」です。寒い地域は味が濃くなる傾向があり、暑ければその反対です。幼少期からそうした傾向の味の料理を食べていれば、味覚も濃い／薄い味に慣れるでしょう。

本書では2章に具体的なレシピを掲載していますが、食べる人の好みによって調味料の量を変えて、味の調整をしてかまいません。食事の大前提はおいしく楽しいこと。人が「おいしい」と感じる塩分量はおおむね1％前後といわれていますが、時には適正とされる量よりも、好みの味を優先しておいしく食べた方が効果があることがあります。各家庭の塩加減で食事を楽しんでください。

体は環境に適応するので、寒い地域で育ったのか、暑い地域で育ったのか、そこでどんなものを食べて育ったのかによって、味の好みや消化酵素の量などが変わります。食事の味が濃いめか薄めかも含めて、どんな食事をとっているかを振り返ってみましょう。

日本各地の名産の例

もちろん各家庭によりますが、北の寒い地域の方が、家庭料理の味が濃い傾向があります。また、子どもの頃から食べているような各地の名産は、食事タイプでは「苦手な食べ物」に当たる食べ物でも、なじみがあることで免疫力がつき、効率よく消化・吸収できることも多いです。

04 過去の負傷歴から栄養の貯蓄を知る

怪我や病気で体内の「栄養の貯蓄」が減る

食事で栄養を補給した時、人の体は必要な分だけ栄養を使い、それ以外の余った分は体の中に貯蓄をしようとします。体脂肪がたまり太った体になるのはいい例です。もちろん、吸収されなかった分がそのまま排出される栄養素もあります。

大怪我や大病を患い、治療をしている間は、栄養の貯蓄が多く使われます。例えば骨折をすると、骨を再びくっつけるために多くのカルシウムが必要になります。あるいは、靭帯損傷や内臓の手術などを行うと、血液が大量に消費され、鉄分が不足することもあります。この時、治療期間中の食事を特別に意識していなければ、体内の貯蓄を切り崩して栄養素を使用することになるのです。

さらに完治後も、アスリートの場合はトレーニングなどで多くのエネルギーを使用するため、通常の食事では栄養を使い切ってしまい、体内に貯蓄が増えません。貯蓄が増えなければ、疲労感の蓄積や回復の遅延につながり、さらには再び怪我をする可能性も上がってしまいます。

《負傷したスポーツ選手の復帰までの例》

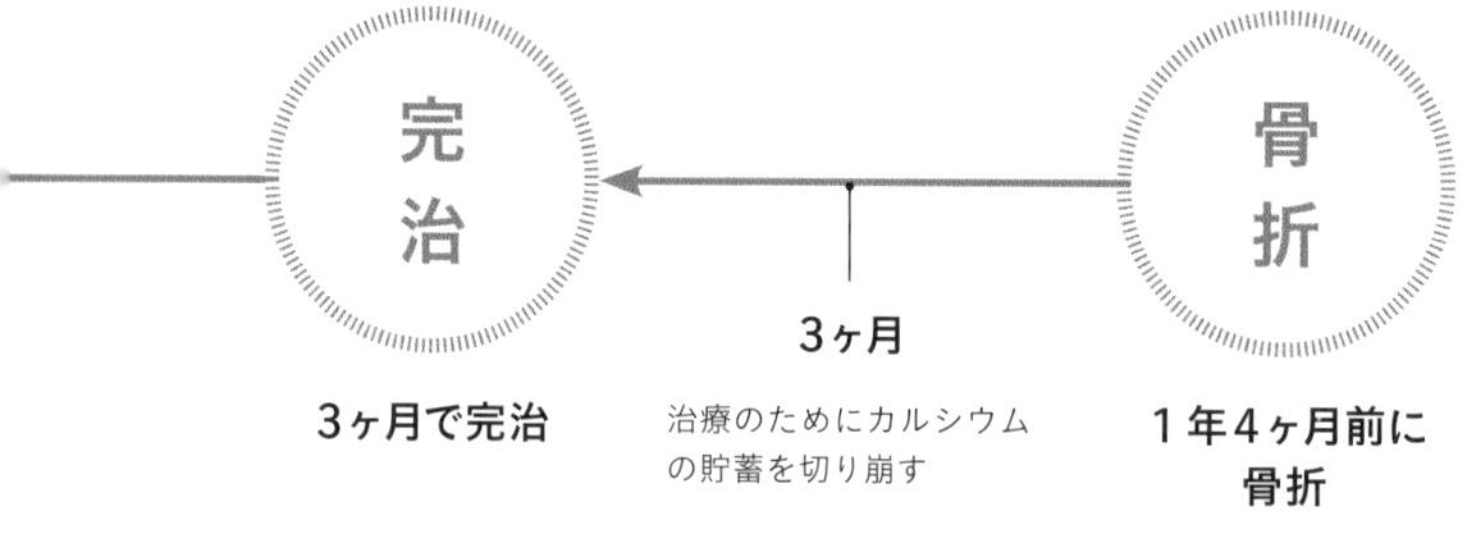

過去の負傷や病気歴が食事選びのヒントになる

そういった事態を防ぐには、過去の負傷や病気歴、あるいは既往症（以前かかっていたが現在は完治している病気）と、それらを患っていた時期がヒントになります。

例えば1年4ヶ月前に骨折してしまい、完治までに3ヶ月、リハビリを1ヶ月経て復帰、その後も特に食事を意識していないとすると、まだカルシウムの貯蓄が十分でない可能性があります。小魚や鰹節でカルシウムを積極的にとりつつ、カルシウムの吸収を助ける納豆、ひじき、玄米などを食べ、カルシウムを効率よく消化・吸収できるように手助けします。一方で、大きな負傷が3年以上前なら、すでに十分な栄養素が貯蓄されているかもしれません。あるいは、内臓の手術をして血液を多く使った場合は、野菜を多く食べて鉄分の補給を助け、カルシウムも摂取して鉄分の消化・吸収を助けます。

また、こういった食事は、怪我や病気の治療中にも有効です。怪我や病気の症状がどんなもので、体はどんな栄養を必要としており、その栄養を含んだ食材はなんなのか。知識として頭の中に入れておいて損はありません。

ただし、具体的な怪我の重度や病状などによって、食べるべき食材、あるいは避けるべき食材は異なります。かかりつけの専門医ともよく相談の上でレシピを考えてみてください。

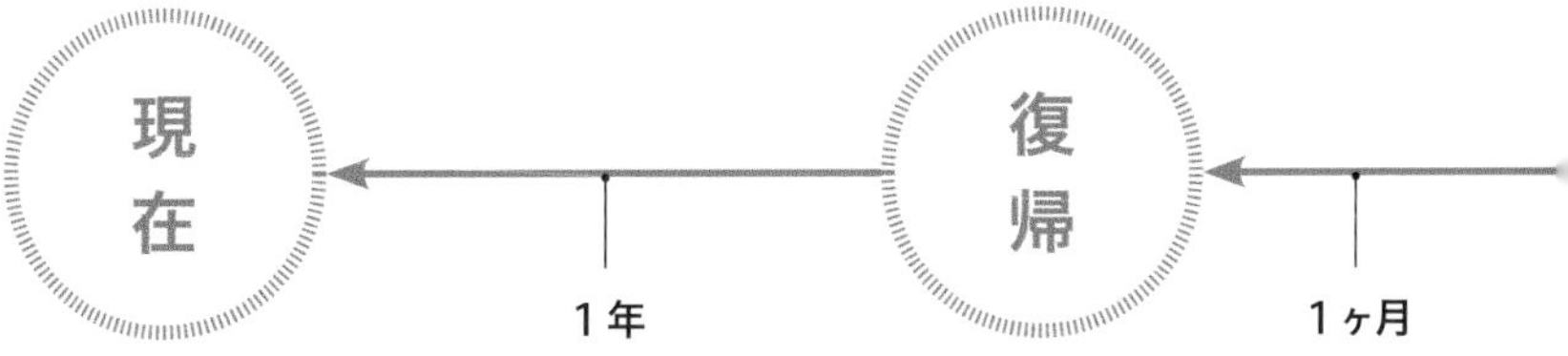

完治後、1ヶ月のリハビリを経て競技に復帰。この間、特にカルシウムを意識した食事をとっていないと、体の中のカルシウムの貯蓄が減っている

カルシウムの貯蓄がないまま競技を続ける

健康上の問題はないものの、体内のカルシウムの貯蓄は枯渇しており、再び骨折する可能性も

05 体温で食事を変える

平熱は基礎代謝を見る大事な要素

食事を決める上では、体温も重要な要素です。日本人の平熱は36度から37度程度と言われており、平熱は代謝の目安になります。この平熱によって食べ物の傾向を変えていきます。

平熱は加齢によって低くなり、子どものうちは高いことが多いです。小学生なら36・5度以上の平熱が望ましいでしょう。

例えば、36・8度の平熱なら、比較的高い部類に入るので、基礎代謝と胃の消化能力が高く、エネルギーを効率的に吸収できていることが多いです。米やパスタなどの炭水化物や、肉類の脂質、タンパク質を食べても、効率よくエネルギーに変えることができます。

反対に平熱が35度台などの低い人は、基礎代謝と胃の消化能力が低く、エネルギー吸収率も高くないことが多いです。そういった人はエネルギーの吸収率も低いため、調理の時点で食材を細かく切る、食べている最中もいつも以上によく噛むなど、うまく消化・吸収できるような工夫が必要です。

《体温の上下に伴う食事の変化》

平熱を基準に……

+1度以上	体が菌やウイルスと戦うために熱を出している。やわらかく消化の良い食事で体をサポートする。
±1度以内	通常通りの体温。食事タイプを考えたいつも通りの食事を食べる。
-1度以上	体温が下がりすぎており、免疫力は35%、基礎代謝は12%、消化酵素の働きは50%低下する。体を温める食事を食べる。

うまく熱を放出できない人もいる

平熱は代謝や免疫の状態を見る目安になりますが、外気温や運動による体温の上下と、それに伴う体温調節機能にも個人差があります。特に多いのは、体内で上がった熱をうまく放出できない人。これは平熱と同じくらい重要な要素で、気を配る必要があります。

運動することで体はエネルギーを消費し、酸素を多く取り込もうとして心肺機能に負荷がかかり、心臓も血液を激しく循環させ、それに伴って体温は高くなります。体温が上がり過ぎてしまうと体の機能に異常をきたすため、汗をかいたり激しい呼吸をしたりすることで熱を放出します。

ところが、汗がうまくかけずに体内に熱がこもってしまう人もいます。熱がこもると心臓に負担がかかり、夏場は熱中症の原因にもなるため、激しい運動でも汗が出ないというのは危険な兆候です。きちんと汗をかけるかどうかは、体に張り巡らされている汗腺の数も影響するので個人差がありますが、食事によって熱の放出を助け、心臓の負担を軽くすることはできます。

とはいっても、冷たいジュースを飲んだりアイスを食べたりしてしまってはいけません。胃に余計な負担をかけるばかりか、糖分を過剰に摂取してしまい体調を崩してしまう可能性があります。熱の放出を助け体温を下げる働きがあるのは、キャベツ、きゅうり、トマト、豆腐、パイナップルなどです。これらをうまく献立に取り入れて、体温の放出を助けるようにしましょう。

体温は基礎代謝と免疫力の目安になります。体温が高ければ、代謝が高くなり体内のエネルギー循環が改善され、免疫力も高くなります。36.5度程度の体温になるように心がけましょう。

06 太りやすい？痩せやすい？

体が「省エネモード」になると太りやすくなる

適正体重と体脂肪率を超えて、太っている人は一定数います。スポーツをする上では、太っているのはやはりよくありません。

一口に「太っている」といっても、原因はさまざまにあります。炭酸飲料やコーヒー、お菓子など、嗜好品で太る人は理由が明確なため、対策も立てやすいでしょう。満腹なのに食べてしまって太る人も同様です。

ここでいう「太りやすい」とは、定期的に運動し、代謝異常もなく、特に食べ過ぎていないにも関わらず太ってしまう人のことです。考えられるのは、苦手な食材を食べてしまっていること。苦手な食材を食べ続けると、消化・吸収の効率が悪い食材が胃の中に入り、体は少しでも多く栄養を吸収しようと省エネモードになります。少量の食事からも栄養を吸収しようとして、普段なら排出されるような部分も過剰に吸収してしまい、太ってしまうのです。

太ってしまう人は、何が肥満の原因になっているかを突き止めることが必要です。嗜好品なのか、食べ過ぎなのか、栄養バランスが偏っているのか、苦手な食材を食べているのか。その原因を探りましょう。

太ってしまえば動きが重くなり、痩せてしまえばパワーが足りなくなります。太ったり痩せたりする原因は、人によってさまざまです。食生活をもう一度見直してみましょう。

痩せやすい人は栄養が排出されているかも

太りやすい人とは反対に、痩せやすい人もいます。いくら食べても太れない、という人です。競技にもよりますが、スポーツでは一定のパワーが必要なため、体重が増えないことは、太り過ぎてしまうのと同じくらいよくある悩みです。

痩せてしまう人で考えられる原因は、太っている人と同様、「苦手な食材」を食べることです。こちらは逆に栄養を吸収できずにすべて排出してしまうパターン。とりたい栄養の消化酵素を持っていないなどの理由から、排泄物とともにすべて体外に出されてしまいます。

栄養が吸収されずに体外に出てしまっているかどうかは、便の状態を見て判断します。食べたものがそのまま排泄されてしまったり、あるいは液体に近い状態で出てきたりした場合は、うまく吸収できていない可能性があります。自分の「苦手な食材」と「得意な食材」を把握し、同じ栄養素をとれる別の食材に変えてみると良いでしょう。

食事に気を使い、便の状態も特段悪くないにも関わらず、適正体重にならない人は、食材の相性以上に痩せやすい体質になっていることも考えられます。そういった場合は、「得意な食材」を食べることは維持しつつ、その中で良質な脂質、タンパク質、炭水化物を多めにとることを意識しましょう。

太り過ぎても痩せ過ぎても、ベストパフォーマンスを出すことはできません。自分の適正体重を知り、「得意な食材」を食べ、適正体重に調整することで、安定的に良いパフォーマンスを出す可能性が上がるでしょう。

適正体重にすることではじめて、ベストパフォーマンスを発揮することができます。もっとも動きやすい体重を見つけ、食事でコントロールすることが大切です。

07「むくむ」と「太る」は違う

いかに効率よく消化・吸収できるか

太ることとむくむことは、似ているようでまったく違います。「太る」とは、体の中に脂肪が溜まって体が大きくなること。「むくむ」とは、体の中に水分が溜まって体が大きくなることです。例えば、長時間立ちっぱなしの仕事は足に血液が溜まり、水分も溜まって足がむくみます。むくみを放置していると疲労につながり、パフォーマンスにも悪影響を与え、ひどい時には痛みも伴います。太りとむくみの見分けかたはかんたんです。皮膚を指で軽く押してみて、押した部分がすぐに戻るようなら、脂肪なので太りです。押した部分に跡がしばらく残るようならむくみです。また、片足だけ大きくなり、もう片足はいつも通りといった場合もむくみです。

太っている体を正常な状態に戻すには、数ヶ月単位のダイエットや食習慣の改善が必要で、時間がかかる場合が多いです。しかし、むくみは血液循環を改善し、むくんでいる部分の水分を取り除けば、比較的かんたんに改善する場合が多いです。足がむくんでいるとすれば、心臓より脚を高く上げるなどすれば、むくみが解消する場合もあります。

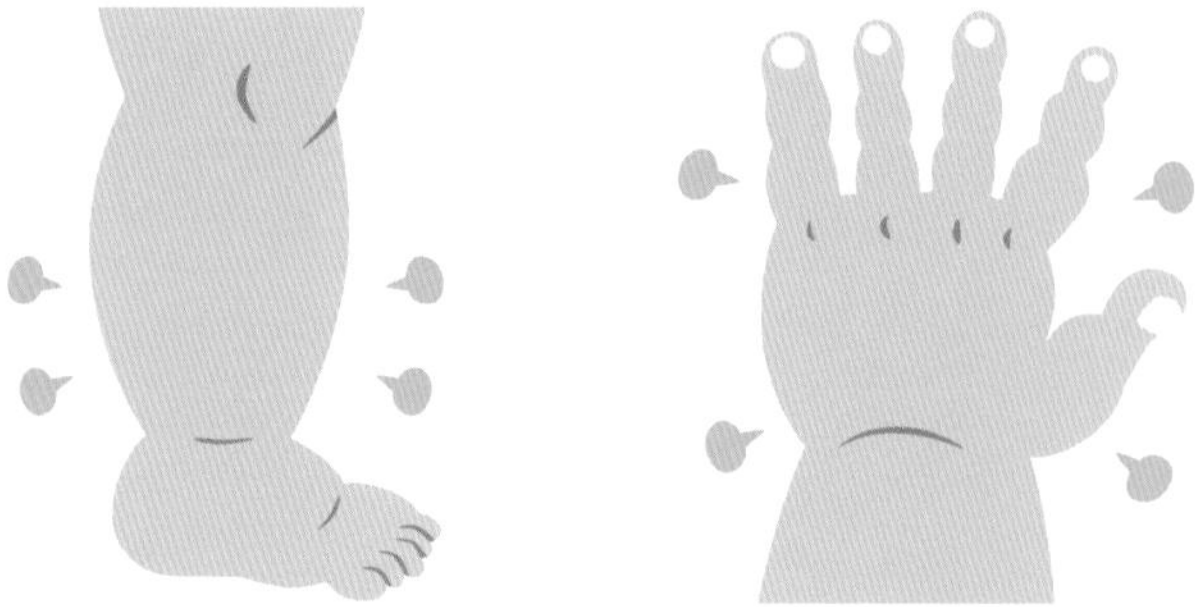

むくんでいる時は体内に水が溜まっているため、体が張っているような感覚になります。太っている時とはまったく違う感覚です。

利尿作用のある食材で腎機能を助ける

一方で、慢性的にむくみが発生しやすい人は、汗や尿による水分の排出がうまくできていない可能性があります。血液が腎臓を通ると、必要なものと不要なものを腎臓が仕分けし、不要なものが尿として体から排出されます。むくみやすい時には、腎臓がうまく機能していない可能性があり、悪化すると血尿につながることもあります。

むくみやすい人は、汗や尿が出やすくなる利尿作用がある食材を食べて、体から水分を積極的に出してあげましょう。利尿作用を持つのはカリウムです。きゅうり、スイカ、かぼちゃなどの瓜科、あるいはバナナやパイナップルも、カリウムを豊富に持つ食材です。これらの食材は、食事タイプでも苦手な人が少ないので、比較的食べやすい食材でしょう。また、そもそも体内に水分が足りていないことも考えられます。1日の中で水を多く飲むようにしてみてください。

カフェインも同じように利尿作用がありますが、こちらはあまりおすすめできません。カフェインが含まれるのは、コーヒーやエナジードリンクなど、ほとんどが嗜好品で、スポーツ選手がとる必要のないものです。カフェインの摂取は避けた方が良いでしょう。

また、食事で改善できないほどのむくみや腎機能の異常を感じた場合は、必ず医師の診察を受けるようにしてください。

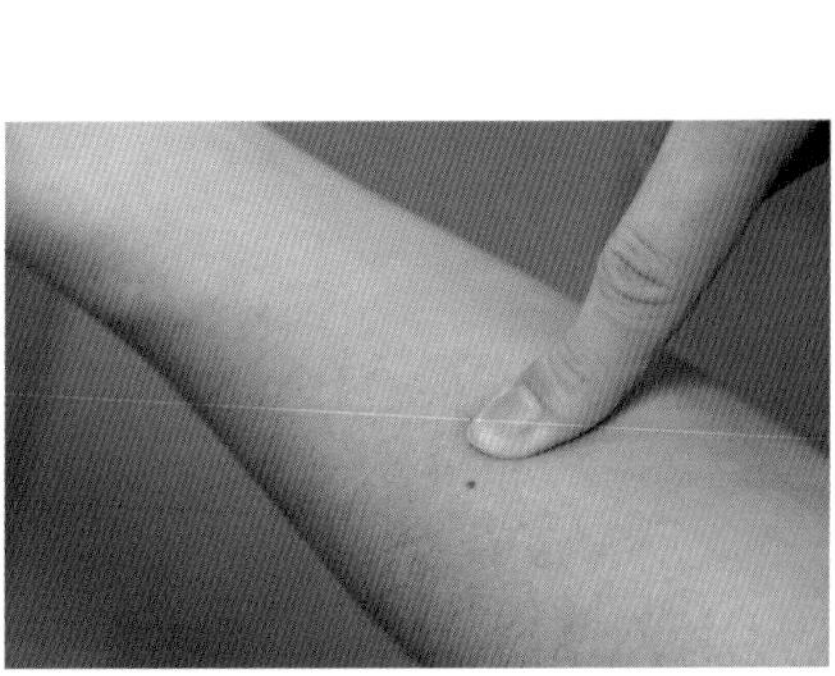

むくみなのか太りなのかどうかは、皮膚を押してみるとわかります。太っている時はすぐに元の状態に戻りますが、むくんでいる時はなかなか戻りません。

果物のバナナやパイナップルは、運動の合間でも食べやすい食材です。カリウムを摂取して水分の放出をサポートしましょう。

08 風邪をひきやすいかどうかで食事を変える

スポーツ選手は意外と体調を崩しやすい

風邪をひきやすいかどうかは、免疫力の目安になります。よく風邪をひいてしまうのは、白血球の働きが鈍く、免疫力が落ちているからです。免疫力が落ちれば、体内に入ってきたウイルスと戦うことができず、風邪やその他の体調不良が起こりやすくなります。

スポーツ選手は絶えず運動しているため、免疫が強く健康的なイメージがあるかもしれませんが、トレーニングや試合でエネルギーを使い切った体は免疫が落ち、そこにウイルスが入り込むと体調不良を起こしやすいです。プロのアスリートにも、風邪で体調を崩す人は意外と多いのです。

また「風邪」にも、頭痛がする人、お腹を壊す人、鼻水が止まらない人、だるさと熱で動けなくなる人など、いろいろな症状があります。風邪のウイルスが平気でも、インフルエンザには弱い、ということもあります。まずは自分が病気になりやすい時期、回数、症状を把握しておきましょう。

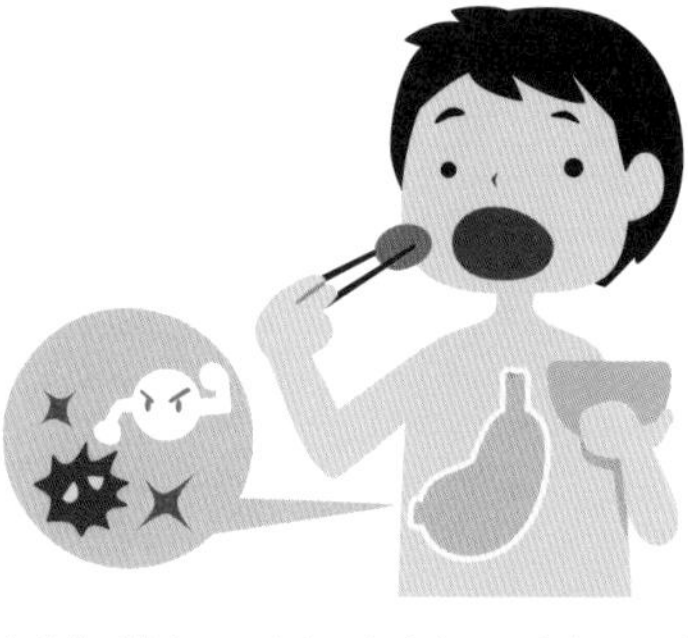

風邪をひきやすい人は免疫力が落ちています。免疫力は、食事でサポートして高めることができます。得意な食べ物を見極めて、免疫力を強化しましょう。

医師の診断を受け症状ごとに食事を変える

病気になった時には、体を休めてウイルスや菌を排除する体の機能を邪魔しないようにすることが基本です。食事では、体の機能をアシストする食材を中心に構成します。

例えば鼻水が出る時は、体から細菌を排出しようとしている証拠なので、無理に鼻水を止めることはしません。特に粘着性の鼻水の場合は、出し切ってしまった方が良いので、風邪薬なども飲まないようにします。

咳が出る場合は、気管支を広げる食べ物を食べて呼吸しやすいようにし、咳がなるべく早くおさまるようにします。豆腐やレンコンを食べると良いでしょう。

もし熱が高くなってしまった場合は、食事をやめることもひとつの手段です。必要な栄養を飲み物のみで体に入れ、消化するエネルギーを節約することで、体にウイルスと戦うことに専念してもらいます。

ただしこれらの方法は、個々の症状や体質を見た上での判断が必要なため、生半可な知識で実践することはおすすめできません。鼻水が出る症状でも、風邪による鼻水なのか、花粉による鼻水なのか、動物などのアレルギーによる鼻水なのかで対処が変わるため、すべてのケースを本書で述べることは不可能です。個々人の免疫力もさまざまです。食事の前の大前提として、病院で診察を受け、医者の指示を仰ぐようにしましょう。

風邪をひいた時は、体の免疫力が落ちている証拠。熱があれば、体がウイルスや菌と戦っている状態です。体を休めて、胃や腸がエネルギーを使わないで済むように、消化しやすい食べ物を食べましょう。

09 排便で体調を見る

排便は健康のバロメーター

排便、特に大便は、健康状態を図る重要なバロメーターです。毎日の便の状態は細かく確認すると良いでしょう。便は遺伝にはあまり左右されず、生活習慣で改善することができます。

まずは、食事量に関わらず、最低1日1回は大便が出ているかどうかを確認します。もし1日に1回も出ないようなら、便秘といって差し支えないでしょう。野菜や果物を積極的に食べて、お通じを良くします。また、毎日何時ごろに便意を感じるかも把握しておき、一定の時間にトイレに行きたくなるように周期を整えられると理想です。

もうひとつはにおいです。消化がうまくいかないと食材が腸に長くとどまり、腐敗して強烈なにおいになります。これは、食事の栄養バランスが偏っていることを示唆しているものです。肉ばかりを食べて野菜や果物が不足していると、くさい便になりやすいです。この場合も、野菜や果物を増やして栄養バランスを整えると良いでしょう。

排泄時に痛みや詰まりがなく、出した後もにおいがなく、程良い長さの便が理想です。毎回の便で状態を確認し、得意な食材を食べているかどうかの目安にしましょう。

恥ずかしがらずに便を確認！

理想的な便は、においがなく、程良いかたさの固形で出てくる便です。出す時にお尻が痛くなるくらいかたくひび割れた便や、お腹を下した時の液体に近い便は、食事の改善が必要です。また、小さな便がたくさん出てくるような場合も、あまり良くない状態でしょう。

細かい便、あるいはかたい便は、これも食物繊維が不足している可能性が高いです。野菜と果物で補いましょう。本人は「十分に野菜を食べている」と思っていても、便の状態を基準に「不足している」と判断します。

お腹を下してゆるい便が出た場合、あるいは食べたものがそのまま出てしまった場合は、直近で食べた食材に対する消化酵素を持っていない可能性があります。効果的に栄養を吸収できておらず、腸が多くのエネルギーを使っても消化しきれないため、液体に近い状態や食べたそのままの状態で出てくるのです。その食材は「自分に合っていない」と判断する材料にもなるので、なるべく食べるのを避けた方が良いでしょう。

保護者の方が子どもの便の状態を把握するのは、意外と難しいことです。恥ずかしがってなかなか便の話ができないことも多く、特に子どもは、自分のうんちの話を親にしたがらないでしょう。そういった場合は、ノートに書いて間接的なコミュニケーションにするなど、恥ずかしがらずに続けられる工夫をすると良いでしょう。

かたくひび割れた便、液体に近くにおいがきつい便、小さな塊がたくさん出てくる便は、直近で食事が体に合っていません。時には、食べたものが消化されずにそのまま出てくることもあります。直近で何を食べたか確認し、苦手な食材がなんだったのかを見てみましょう。

10 そもそも食欲ある？ 世界を目指すなら腹八分目

満腹中枢が刺激されると食欲がなくなる

食事以前に、食欲があるかどうかを確認することも重要です。年齢に限らず、胃に食材が入っておらず、本来は食事をとらなければいけないはずなのに、食欲がない、というケースがあります。これは、満腹中枢が刺激されてしまっていることが考えられます。

食欲がない場合に確認するべきなのは、普段食べている食事です。外食やレトルト食品、お菓子などは、より「おいしい」と感じさせるために味付けが濃くなっていることが多いです。冷凍食品や、コンビニで売っているような量産型の食品には、化学調味料なども含まれています。そういったものを頻繁に食べている食習慣だと、満腹中枢が過度に刺激され、食欲がわかなくなることがあります。食欲がない時は、普段の食習慣を振り返り、どんな時に食欲がわくか、そこでどんな食事をとっているかを確認することが大切です。

食欲がない状態で無理やり食事を押し込んでも、メンタルと食事は密接につながっているので、効率の良い消化・吸収ができません。食事の前には、食欲や心の準備が必要なのです。

お菓子や炭酸飲料、袋をあければすぐ食べられるものは、味が濃かったり、化学調味料が使われていたりして、不必要に満腹中枢を刺激します。それらの味に慣れてしまうと、家庭の食事に食欲がわかなくなってしまいます。

「腹八分」が適切な食事量

どのような時に食欲がわき、どのような時に食欲が失せるかは、普段の食生活に関わってきます。外食や出来合いの食事が続き、濃い味に慣れてしまうと、家庭で作る料理の味に満足できなくなったり、次第に家庭の料理の味まで濃すぎたりしてしまうこともあります。どの程度の味付けで「濃い」「薄い」と感じるかは、普段食べているものを変えることで後から矯正できるので、家庭の料理を適切な味で提供することが大切です。

もうひとつ大切なのは、食事の量です。スポーツ強豪校の合宿で米をお茶碗大盛り三杯食べなければいけない、といったルールをよく聞きますが、栄養学的観点で見ると逆効果です。多すぎる食事量は、消化にエネルギーをとられすぎて、体の回復のために食事をとったはずが消化のエネルギーで逆に疲れる、ということになりかねません。

おすすめは「腹八分」です。食べ終わった後も「もう少し食べたい」と思うくらいがちょうど良い食事量で、もっとも効率よく消化・吸収ができます。「腹八分目」と聞いても、実際は満腹近くまで食べてしまうことも多いので、「少し足りないくらい」と考えておきましょう。

どうしても腹八分目では足りない場合は、食事の回数を増やします。一食で満腹にして三食とるのではなく、腹八分目の食事を4、5回とるのです。ただし、間食にスナック菓子などを食べてしまうのはNG。バナナやおにぎりなど、手軽に食べられてかつ栄養になるものにしましょう。

食べ過ぎも良くありません。満腹まで食べてしまうと、食べ物の消化に体のエネルギーを使い過ぎてしまい、かえって疲労が溜まる可能性があります。腹八分目程度におさえて、体の負担を軽減しましょう。

11 食事以前に水は飲んでる？

水が体中に栄養を運ぶ

体の70％以上は水分で構成されており、血液も水分の一種です。血液をはじめ、体の中の水分は栄養を体中に行き渡らせる役割を持っています。特に成長期には、骨や筋肉の成長のために栄養を循環させる必要があり、体は多くの水を求めます。また、子どもや成長期の年代は基礎代謝が高いことが多く、体温も大人より高いため、たくさんの汗をかきます。運動している間はもちろんのこと、寝ている間も高い体温を保ち、冬でもたくさんの寝汗をかく子も少なくありません。私たちが思っている以上に、人間は多くの水分を消費しているのです。

　1日に必要な水分量は、次の計算式で求めることができます。自分の体重に当てはめて計算してみましょう。想像以上に、体には水が必要であるとわかると思います。

体重（kg）×（★）＝1日に必要な水分量（ml）

★＝未就学児100、小中高生80、大学生以上50

体の70％以上は水分で構成されています。しかし、普段から水を意識して飲まないと、慢性的な水不足になりかねません。1日に必要な水の量は、意外と多いものです。計算式に自分の体重と数値を入れてみてください。

ジュースやスープでは水の代わりにならない

水を飲むタイミングは、体が水分を消費した時が良いでしょう。具体的には、午前から16時ごろまでの、活発に活動している時間帯です。水分が不足した直後に補給することで、体内の循環機能を滞らせることなく補給できます。夜遅くや寝る直前だと、夜中に尿意で目を覚ましたり、子どもはおねしょをしてしまったりするかもしれません。なるべく日中に水を飲むようにしましょう。

水は栄養の循環のためにかかせないものですが、ジュースやコーヒー、スープ、味噌汁などの、「水分」で代用することはできません。浸透圧が違い、水とは構成物質が違うため、水の代わりにはならないのです。市販の軟水を買うか、もっともおすすめなのは、水道水を煮沸して飲むことです。各地域、自治体によって水道水の質はかなり違いますが、煮沸すればある程度均一の水にすることができます。

一方で、飲みすぎると「水中毒」になってしまうおそれもあります。過剰な水分の摂取は腎臓に過度な負担をかけ、体がむくみやすくなってしまいます。また、「絶対に水を飲まなければいけない」、「水を飲まないと不安」という精神的な不安にまで達してしまうケースもまれにあります。1日に必要な水の量を目安にしつつ、無理にならない程度に飲んでいきましょう。

水道水は地域によって水質が大きく異なります。煮沸して冷ましてから飲むのが良いでしょう。

お茶やジュースでは、構成している物質がまったく違うため、水の代わりにはなりません。必要なのは純粋な水です。

12 アスリートにとって魚は必須食品

意識しないと意外と魚は食べられない

魚を苦手とする食事タイプは少なく、タンパク質と良質な脂質が豊富なため、魚はアスリートにとって必須とも言える食品です。著者が選手に食生活をヒアリングする際は、必ず「週に何度魚を食べているか」を聞きます。最低でも週１回、できれば毎日一食以上で魚を食べるのが理想です。

昔の日本では魚がもっとも一般的な食材のひとつでしたが、明治時代の文明開化により、パンや牛肉といった西洋の食文化が流入し、いまでは魚を食べる機会が減っています。外食に出ても、多くのメニューは肉が中心です。そのため、魚は意識的に食べないと、なかなか食べる機会がないのです。

魚を食べるメリットはさまざまにあり、魚の種類によっても栄養価が変わります。赤い身の魚なら鉄分が多く、白身魚なら高タンパク低カロリー。青魚はＤＨＡやＥＰＡなど、思考回路に良いとされる栄養素が含まれています。どんな種類の魚を食べても利点は多いので、魚を食べてさえいればひとまず合格点です。

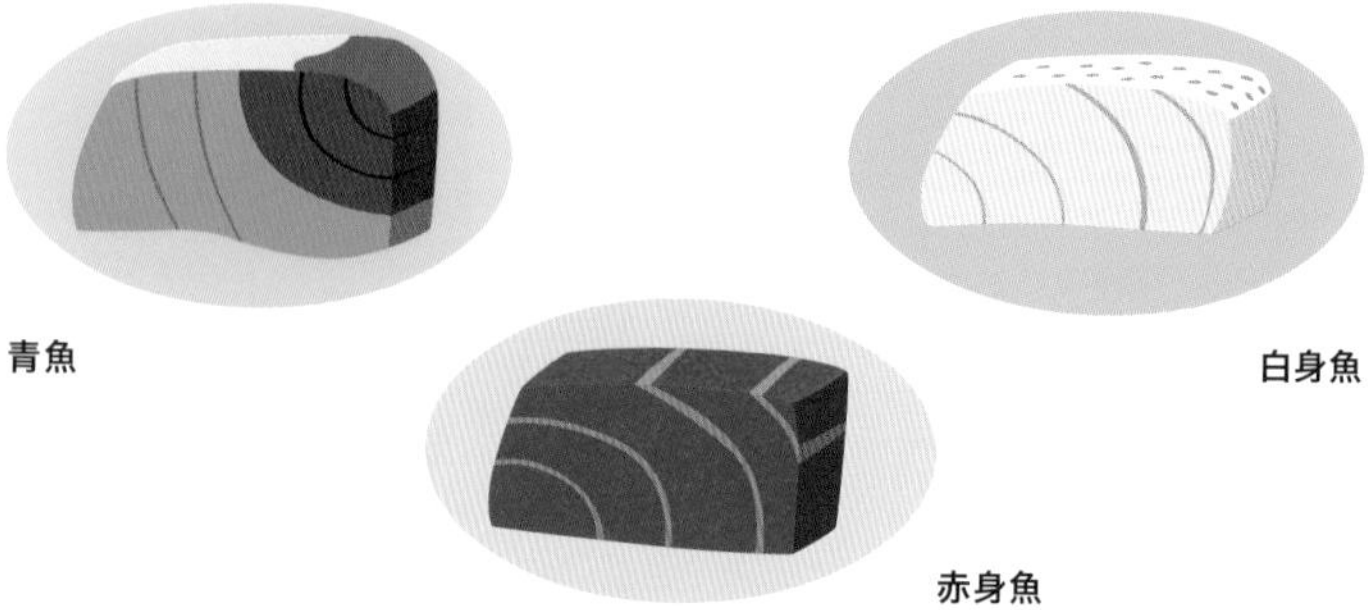

白身魚、赤身魚、青魚、それぞれのメリットがあります。魚を苦手とする食事タイプも少ないので、なるべく毎日食べられるようにしましょう。

刺身で食べるのが一番。次点で蒸す・煮る

調理法も注意が必要です。理想は刺身で食べること。調理をしないでそのまま食べることで、新鮮な魚の栄養価を丸ごと体に入れることができます。しかし、子どもは刺身が苦手なことも多いほか、ほとんど起こり得ませんが、万が一食あたりにあう可能性もあります。また、多くの川魚は刺身では食べられません。

そこで、刺身の次に良いのが、蒸すまたは煮ることです。レシピにもあるように、焼くよりも低温で調理することで、魚の栄養価をなるべく逃さずに閉じ込めることができます。焦げたりする心配もほとんどないので、実は調理も楽なのです。野菜と一緒に蒸してしまえば、それだけで一品完成します。

強火で焼くのはあまりおすすめできません。皮が焦げ付いても、中の身にうまく火が通っていない、という場合もあるからです。焦げるのは「糖化」という現象で、食品に含まれる糖質が熱によってタンパク質と結びつくことです。糖化されて焦げた食品は、食べない方が良いでしょう。

フライもおすすめできません。焼く以上に高い熱が魚に加わり、タンパク質が壊れやすく、魚本来の栄養がとれなくなります。油で揚げているので、単純にカロリーも非常に高いです。

より効果的なのは、きのこと一緒に食べることです。2章のレシピにも多数登場しています。カルシウムの吸収効率がよくなります。プラス、緑黄色野菜でビタミンを補給すれば、より効率の良い吸収ができるでしょう。

焼く、揚げるはNG

焼いたり揚げたりすると、高温が魚の栄養素を破壊して本来の効果を得られません。避けた方が良いでしょう。

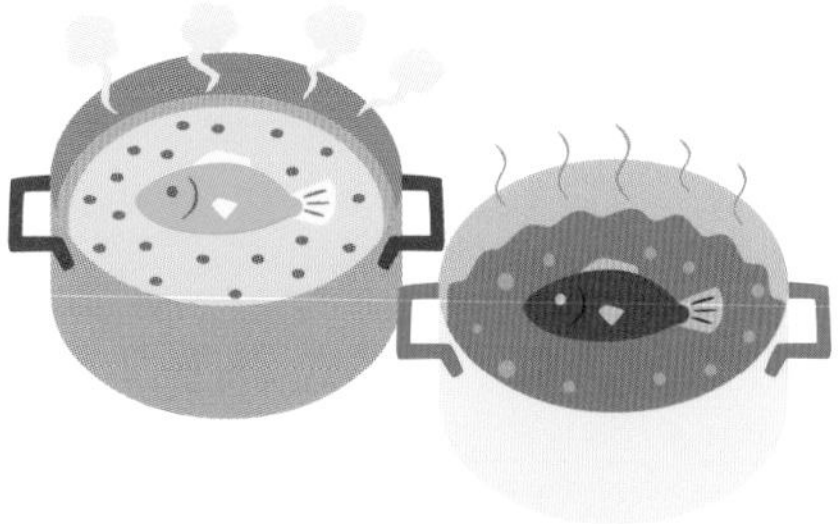

煮る、蒸すがおすすめ

蒸すことと煮ることが、調理法では一番おすすめです。魚の栄養を損なうことなく吸収できます。

13 果物を食べているかどうか

野菜でとれなかった栄養を果物で補う

魚と同様、果物もアスリートにとって必須食品です。果物は、野菜が持っていない栄養素を含んでいる場合が多く、特にビタミンC、ビタミンEなど、抗酸化作用を含んだ栄養素が多く含まれています。野菜ではとりきれなかった栄養素を、果物で補うイメージで食べると良いでしょう。

おすすめの果物はいくつかありますが、著者が選手に勧めることが多いのがブルーベリーです。ポリフェノール、葉酸、ビタミンC、ビタミンE、食物繊維など、栄養素を豊富に含んでいます。血行がよくなり、他の栄養素を体全体に行き渡らせるサポートをしてくれるので、体のコンディションも頭の働きも上向きにしてくれます。

他にも、バナナはスーパーやコンビニでも買いやすく、とても身近な果物のひとつです。ピンクグレープフルーツはリコピンが豊富で、こちらも抗酸化作用のある栄養素が豊富なので、夏のトレーニングで日焼けした後に食べると、疲れを取り除くサポートをしてくれます。パイナップル、いちご、みかん、りんごなども手に入れやすい果物です。

多くの果物は糖質を含んでいますが、子どもなら多少の糖質過多も問題ありません。食欲がない時、米の代わりに果物を食べても良いでしょう。

まずは習慣を作り、その上でメニューを変える

果物であれば、毎日バナナ、毎日りんご、毎日みかんでも、食べないより食べた方が良いでしょう。いちごを7〜8粒食べれば、1日に必要なビタミンをカバーすることができます。果物を食べる意識があり、習慣になっていれば、後からメニューを変更することは比較的容易です。またB型など、朝に米を食べるのが苦手な人や、食欲がわかない時は、米の代わりに果物を食べることで糖分を確保できます。まずはとにかく果物を食べることを習慣化することが大事です。

といっても、お弁当の中に入っているひとかけらだけのオレンジや、パフェの中のいちご、ヨーグルトに入っているブルーベリーなどは含みません。果物を単体で、ある程度の量を食べているかどうかが、「意識しているかどうか」の基準となります。

また、果汁１００％のジュースも果物とは別物です。そういったジュースは精製過程で食物繊維が失われているばかりか、「果汁１００％」と謳っていても、成分表を見ると砂糖や着色料、保存料が含まれている場合もあります。それらの成分は品質を保つために入れられており、果物本来の栄養素は失われてしまっています。ジュースは嗜好品であり、果物とは別物だと考えた方が良いでしょう。生の果物をミキサーなどにかけて、ジュースを自作したものならＯＫです。

その上で、自分の競技や体質、食事との組み合わせを考えて、食べる果物を変えていきます。献立で不足してしまった栄養素を、果物で補うというイメージで、食べる果物を選んでみてください。

「果汁100％」と謳っているジュースでも、製造過程で砂糖や化学調味料などが入れられて、品質が保持されています。熱処理もされて栄養が失われているので、ジュースでは果物の代わりにはなりません。野菜ジュースも同様です。

14 お菓子やジュースはアスリートの大敵

お菓子やジュースは満腹中枢を刺激する

市販のジュース、炭酸飲料、スナック菓子、チョコレート菓子などは、アスリートにとって大敵です。多くの調味料が使われ、味が濃く、「おいしい」と感じるものが多いですが、栄養になるものはほとんどありません。著者が選手にヒアリングする時は、そういったお菓子やジュース類をどれだけ食べるのか、どんな種類のものを食べるのかを聞いて、砂糖との接触の多さを確認します。

砂糖は脳の働きを活性化させますが、同時に満腹中枢も刺激してしまい、少量のお菓子でも食べると食欲がなくなってしまいます。そうなれば、きちんと食べるべき食事が食べられず、食習慣の乱れにつながります。炭酸飲料も同様です。多くの飲み物に砂糖が含まれているため、お菓子と同様に満腹中枢を刺激します。着色料も含まれているでしょう。また、炭酸ガスが胃の中を埋め尽くすと、実際は空気しか入っていないのに「胃が満タンである」と錯覚してしまうため、余計に食欲がなくなります。近年は炭酸が入っているスポーツドリンクも発売されていますが、そもそも運動中に飲む飲料も水で十分です。スポーツドリンクが食欲を阻害している可能性もあります。

お菓子や炭酸飲料の濃い味は満腹中枢を刺激し、食欲をなくしてしまうだけでなく、そもそも栄養になりません。スポーツをやっているかどうか以前に、健康面を考えても避けた方が良いでしょう。

スポーツ以前に健康を考える

　砂糖は脳の働きを活性化させますが、それは一時的に血糖値を急上昇させるだけです。一気に上がった後は、一定時間ののち、同じ分だけ一気に急降下します。血糖値が下がれば脳の働きが鈍り、集中力も落ちます。下がり幅は上がり幅を上回り、脳が再び同じだけの働きを取り戻すには時間がかかります。この急変が体に悪影響なのです。砂糖はなるべく摂取せず、糖質は炭水化物から補給するのが良いでしょう。

　お菓子やチョコレートには、砂糖に加えて、脂も多く含まれています。特に揚げているお菓子は、表面に脂が多く含まれているので、とても「良質な脂質」とは言えません。スポーツ選手である以前に、健康面を考えて、お菓子は避けた方が良いでしょう。

　とはいえ子どもの場合は、お楽しみとして少量のお菓子を食べることが、精神的な励みやモチベーションになる場合もあります。スポーツの試合後のお楽しみや、誕生日やクリスマスなどのイベントでは、お菓子をまったく食べないのも難しいでしょう。食事を制限しすぎて精神的に疲労してしまっては元も子もありません。お子さんとよく相談の上、回数と量を決めてお菓子を楽しみましょう。またその際は、全粒粉ビスケットなど、穀物を多く含み低糖質のお菓子を選ぶと良いでしょう。

砂糖は血糖値の乱高下を招き、脳の働きに悪影響を与えます。普段から砂糖の摂取を避けるようにしましょう。また、スポーツドリンクにも砂糖が多く含まれており、運動中に飲むのはおすすめできません。スポーツをしている時でも水で水分補給をすれば十分です。

15 夜、ちゃんと寝られてる？

寝ている間に栄養が吸収される

食事でとった栄養は、睡眠時にもっとも効率よく吸収されます。食事と同時に睡眠を意識することで、より効果的なものにすることができるのです。

まず確保すべきは睡眠時間です。スポーツ選手なら最低でも7時間、小学生なら10時間程度の睡眠が望ましいです。多すぎても少なすぎてもよくありません。個々人や日中の活動による疲労度なども影響しますが、概ね7〜9時間の睡眠が必要でしょう。

次に、睡眠を取る時間帯です。人間の睡眠は段階があり、深い眠りと浅い眠りがあります。睡眠に入った後、1時間程度でもっとも深い眠りにつきます。このもっとも深い眠りが、22時〜午前1時ごろになるようにするのが理想です。なぜなら、人間は22時〜午前1時にかけて、成長ホルモンの分泌がもっとも活発に行われるからです。その時間帯に深い睡眠をとることができれば、脳が休息をとり体が成長に専念できるため、疲労回復や、成長期の子どもなら体の成長も期待できます。

成長ホルモンがもっとも多く分泌されるのは、夜10時〜１時の間です。その時間に熟睡できるように、布団やベッドに入ると良いでしょう。

睡眠を促進する食事と時間

睡眠による成長や疲労回復を、食事でより手助けすることができます。まずは食事の時間です。人間の胃は2~3時間をかけて、食べ物を消化します。就寝時には、胃に食べ物が残っていないことが理想です。胃に食べ物が残ったまま寝ると、体は消化にエネルギーを使ってしまい、十分な休息をとることができません。となると、就寝時間の2~3時間前に食事を食べ終わるように調整する必要があります。睡眠に入ってから熟睡までの時間、睡眠のリズム、成長ホルモンの分泌時間を考えると、18時~19時に夕食を食べ、21~22時に眠るのが良いでしょう。

食事自体で睡眠をアシストすることもできます。肉や魚のタンパク質に含まれている「トリプトファン」という成分が、睡眠を促進する効果があると言われています。

反対に、子どもで飲む人は少ないかもしれませんが、コーヒーやエナジードリンクによるカフェインの摂取は避けた方が良いでしょう。カフェインは脳の覚醒のほか、利尿作用もあり、夜中にトイレに起きてしまって睡眠が不十分になる、といった可能性もあります。また砂糖も、脳に刺激を与え覚醒状態にしてしまうため、食後のデザートにケーキやチョコを食べるといったことは避けた方が良いでしょう。虫歯のリスクも高まります。

とはいえ、19時からスポーツの練習が始まることや、保護者の帰りが遅く夕食が21時になる、といった場合もあると思います。無理に理想の時間に合わせるのではなく、今の生活リズムの中でできるだけ工夫してみるようにしてください。

理想的な食事と睡眠の時間

16 髪のツヤは？ 爪の線は？ 体の末端を見る

体の末端は栄養が最後に届くところ

体調のバロメーターとして、体の末端を見る方法もあります。髪の毛にツヤがあるか、抜け毛は多くないか、爪に縦の線が入っていないか。指先の皮膚は潤っているか、ささくれやあかぎれはないか、といったことです。

これらの体の末端は、腸で吸収された栄養が最後に届く場所です。髪の毛や爪、指先が荒れているなら、体に合っていない食べ物を食べてしまっているために、消化・吸収・同化のプロセスがうまく働いておらず、十分な栄養が体の末端に届いていないと考えられます。

例えば髪の毛が傷んでいるのは、加工食品を食べ過ぎて保存料や着色料が体の中に入ってしまい、そういった不純物が頭皮に膜をはってしまうため、髪の毛の先まで栄養が届かないから、といわれています。

もちろん染髪したり過度に髪を触ったり、あるいはスポーツをしている子どもなら屋外の砂埃を浴びたりして、髪の毛が傷んでいる場合もあります。傷みの原因はひとつではないので「栄養不足」と断定はできません。しかし、目安のひとつとして髪の毛の状態を見ることは、覚えておくと良いでしょう。

髪の毛や爪など、体の末端が傷んでいれば、それは栄養が行き届いていないかもしれません。
苦手な食材を食べてしまっていないか、食生活を振り返ってみてください。

タンパク質を効率よく吸収することを考える

体表に現れているので一般的にはあまりなじみがありませんが、爪は皮膚の一部であり、皮膚は人間のもっとも大きな臓器です。爪に限らず、肌荒れやアトピー、顔色の具合は、日頃から気を配っておいて損はありません。皮膚はタンパク質で構成されているため、爪に縦線が入るのはタンパク質が足りていないことを証明しています。そのため、髪の毛や爪などの末端が荒れている場合、まずはタンパク質の補給を考えます。

タンパク質は、血液型によって得意／苦手があります。肉を食べて動物性タンパク質をとるのが良いか、豆類を食べて植物性タンパク質をとるのが良いかは、P.18からの血液型ごとの食事を確認してください。加えて、タンパク質の吸収効率を上げるビタミンA、ビタミンB、ビタミンDなどが必要です。果物やきのこを一緒に食べると良いでしょう。そして、栄養を循環させるためには、やはり水が必要です。水の重要性はP.42で述べています。

髪の毛や皮膚には、トリートメントや化粧水など、外から補修できることを謳う商品もあります。もちろん効果がないとは言いませんが、あくまで対症療法であり、根本的な解決になるかどうかは疑問です。体を作るのは細胞であり、細胞は食事から得た栄養素で構築されていきます。食事の効果が体の末端に現れるのは、おおよそ3～6ヶ月後。時間はかかりますが、根本から体の問題を解決するには、やはり食事からのアプローチが一番なのです。

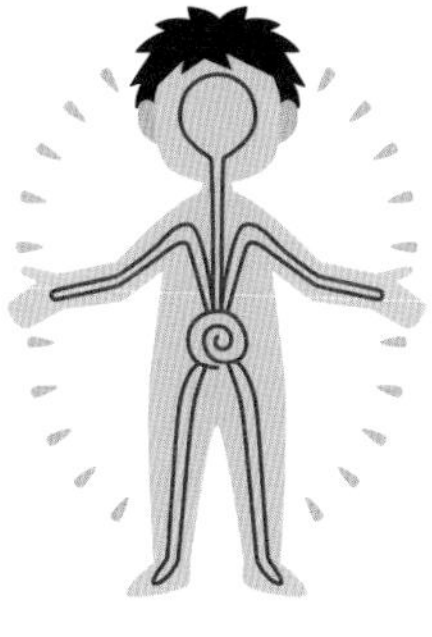

栄養を体全体に行き渡らせるためには、食事タイプによる得意／苦手と、栄養素の食べ合わせを考える必要があります。食事を考えれば肌荒れや髪の傷みにも好影響があるので、美容が気になる保護者にもおすすめです。

17 酸っぱい食べ物がほしい時は疲れている合図

乳酸とクエン酸の関係

　激しい運動や長時間の運動をすると、筋肉には疲労が溜まり、体を動かすことが億劫になります。フルマラソンを走り切ったランナーが、ゴール直後に倒れ込む場面を想像するとわかりやすいでしょうか。これは、筋肉を動かすために体内の糖質をエネルギーとして消費した時に、同時に生まれる乳酸が蓄積され、体内の水分が酸化することで、筋肉を動かすパワーが不足し、疲労していくためです。全力でダッシュをした後に筋肉が熱くなったように感じるのは、乳酸が原因です。

　酸化した体は、中和させるためにアルカリ性の物質を求めます。そこで効果を発揮するのが**クエン酸**です。クエン酸は体内に入るとアルカリ性に変わり、酸化した血液を中和して乳酸を除去するので、疲労回復につながるというわけです。

　クエン酸は、口に入った時に味覚を刺激して、人間は「酸っぱい」と感じます。逆に言うと、**人は酸っぱい食べ物が疲労を回復してくれることを、本能的に理解しています**。そのため、酸っぱい食べ物を欲する時は、体が疲れている時だと判断することができるのです。

酸っぱい食べ物の酸味は、クエン酸が味覚を刺激することで起こります。クエン酸には血液の酸化を抑える効果があるため、疲労回復に有効なのです。体が疲れた時は酸っぱい物を食べてみましょう。

レモンや梅を運動前後に食べる

クエン酸が含まれている食べ物はいくつもありますが、特におすすめなのはレモンです。運動後、ダメージを受けた筋肉を回復させるためには、タンパク質と、タンパク質の吸収を促進するビタミンCが必要です。レモンはクエン酸もビタミンCも豊富に含んでいるため、短期的にも長期的にも体の回復に貢献してくれます。試合直後にレモン水を飲んだり、試合日の晩ご飯でP.70のレモンチキンステーキを食べたりすれば、より効果的に体の回復を見込めるでしょう。

また、梅のおにぎりも効果的です。梅もクエン酸を豊富に含んでおり、糖質が豊富な米と一緒に食べることで、エネルギーの補給も同時に行うことができます。なにより梅は保存性が高く、多少気温が上がった中で持ち歩いても食品が痛みにくいので、お弁当や捕食にぴったりです。

クエン酸を補給するタイミングは、運動後なるべく早いほうが良いでしょう。水の中にレモンを入れたレモン水を水筒に入れておけば、試合中の水分補給でもクエン酸を補給することができます。

ただし、保護者が作ることの多い「はちみつレモン」は要注意です。質の良くない蜂蜜は、甘さを出すために砂糖や甘味料が入っています。糖質を激しく消費した体に砂糖を投入すると、血糖値の急上昇が起きてしまい、かえって疲れが溜まってしまう可能性があります。もしはちみつレモンを自作する場合は、純度100%のはちみつを使用するようにしましょう。

運動前後にレモンを食べるのはとても効果的。保護者の方が「はちみつレモン」を作って食べさせるのも納得です。ただし、はちみつの品質には注意しましょう。

18 お箸の持ち方や三角食べは理にかなっている

楽しくおいしい食事が栄養以前の大前提

食事の消化・吸収には、メンタル面が深く関わってきます。まだ科学的に証明されているわけではありませんが、メンタルの状態が栄養の吸収率に与える影響は大きいと考えられています。

例えば、栄養バランスはとても考えられているけれども、子どもの嫌いな食材が並ぶ食卓と、多少栄養バランスが偏っていても大好物な食材が並ぶ食卓では、後者の方が栄養の吸収率が高い場合があります。著者がアスリートのメニューを組み立てる時も、好きな食材はなるべく除外せずに盛り込むようにし、その食材をもとに調理法や献立を提案しています。「タンパク質が不足しているので鶏のササミを」という提案は、栄養学的には決して間違っていませんが、牛のヒレ肉の方が好きな場合はそちらをメニューに組み込みます。

2章では具体的な献立を紹介しますが、その中には子どもが嫌いなものもあると思います。その場合は、同じような栄養がとれる食材に入れ替えるなどして、どんどんアレンジしてかまいません。栄養も大事ですが、何よりもおいしく楽しい食事になることを優先しましょう。

栄養バランスが整った嫌いな料理が並ぶ食事よりも、多少栄養が偏っていても好きな料理が並ぶ食事の方が、体の調子を良くしてくれることもあります。お子さんの様子を見て相談しながら献立を決めると良いでしょう。

食事のマナーが栄養吸収に影響する？

昔からいわれている食事のマナーがあります。実はマナーも、栄養の吸収率に少なくない影響を与えています。

「音を立てずに食べる」というのは、口の咀嚼音や、お箸やお皿を置いた時の音をなるべく立てないように食べることです。ひとりがそういった音を立てることで、一緒に食べている人が不快に感じ、食卓の雰囲気が重くなると、結果的に本人も良い気分ではなくなり、栄養の吸収率が下がる、といったこともあります。

また、「三角食べ」も有名です。ひとつの品目を集中的に食べるのではなく、順番に満遍なく食べるマナーです。空腹時に最初に食べるものが食物繊維を含んだ野菜や果物だと、後から胃に入るものを消化しやすくなるので、栄養の吸収がより効率的になることがあります。

「良い姿勢で食べましょう」ということもよく聞きます。猫背にならず、背筋を伸ばしてご飯を食べることです。姿勢を伸ばすことで食道から胃までの道を食事がスムーズに通り、腸も積極的に活動できるようになるため、消化・吸収の効率が上がるのです。

このように、昔から言われている食事のマナーには理由があり、体のメカニズムから考えても理にかなっているのです。食事の際には、お子さんと一緒にマナーを振り返ってみるのも良いでしょう。

食事を順番に食べる、咀嚼音や食器がぶつかる音を立てない、などのマナーは、栄養学的な観点からも大事なことです。最近では、スマートフォンを見ながら食べることも問題になっています。

19 「こしょく」が食事の吸収率を下げる

一家団欒が栄養の吸収率を上げる

近年、両親の共働きや学校後の塾による家族の時間のずれなどで、子どもがひとりで食事をする家庭が増えています。これを「孤食」といいます。

孤食はさまざまな問題を発生させます。好き嫌いやマナーを注意する親がおらず偏食になりやすい、お箸やお茶碗が正しく持てない、などの問題です。

特に深刻なのはコミュニケーション不足による悪影響です。子どもに限らず、人は友人や家族など、親しい人と食事の席を共にすることで、セロトニンやドーパミンといったホルモンが分泌されます。これらのホルモンは幸福を感じさせ、食事に対する満足度も上昇させます。精神的に充実すれば体の活動も活発化になり、ひいては食事の消化・吸収効率も上昇するのです。

ヨーロッパでは、一人で食べる人よりも、複数の人で食卓を囲んで食事をした人の方が、食べ物からの栄養をより効率的に吸収できたという研究もあります。無理に会話をする必要はありませんが、誰かと一緒に食事をすることで満足度が上がるのであれば、やはり子どもの食事の際には、なるべく同席するようにしましょう。

特に子どもの場合、一人で食事をとる「孤食」は、たとえ栄養バランスがとれている食事でも悪影響です。精神的にも栄養的にも充実した食事をとるためにも、家族と一緒に食事を共にする時間が大切なのです。

毎日必ず訪れる食事の時間を充実させる

「こしょく」にはほかにも種類があります。例えば「濃食」は、外食や出来合いの食事が多くなり、おいしさを優先しすぎた濃い味付けの食事が続くことで、肥満になることが問題視されています。「濃食」に慣れた味覚は、本来必要な栄養バランスのとれた食事を食べると、味が薄いと感じてしまうようです。

家族が同じ食卓に座っていても、それぞれが別の食事を食べる「個食」や、パスタやうどん、ピザやパンなど、小麦が使われた食材を多用する「粉食」、食べる量が少ない「小食」、いつも同じメニューを食べる「固食」もあります。

これらは造語ですが、栄養学の世界では問題視されている事象です。「こしょく」であっても栄養バランスや食事タイプが考慮されていればまだ良いのですが、こういった食事は往々にして質が低く、良質な食事とは言えないものになっています。

現代社会ではライフスタイルが多様化し、両親が共働きで食事の時間に家にいなかったり、子どもが塾や習い事で忙しく、栄養よりも短時間で食べることが優先になってしまったりするなど、生活の変化に合わせて食事の形も多様化しています。もちろん、昭和や大正の日本の食生活がすべて理想的だったわけではありませんが、家族が全員そろって食卓を囲む光景が少なくなっているのは事実です。子どもに料理を出す時には、料理の中身と同じくらい、食事をとる環境にも気を配ってあげてください。毎日必ず訪れる食事の時間を充実させることが、日々の暮らしを丁寧に彩り、豊かな人生を過ごしていくことにつながるのです。

家庭のライフスタイルに合わせながら、６つの「こしょく」をできるだけ避けて、無理のない範囲で食事を楽しみましょう。心身と食生活の充実は両輪であり、どちらも大切なのです。

20 目標を設定して無理なく楽しい食習慣を

食事の変化を実感できるのは習慣化してから

食事による体の変化は、1日や2日で実感することもありますが、真価を発揮するのは継続できた時です。1週間、1ヶ月、1年と続けていくうちに食への意識が変わり、習慣になっていくことで、栄養吸収の効率が上がっていきます。

本書で何度も述べているように、食事はおいしく楽しいことが大前提です。しかし、お菓子やジャンクフードを我慢することは、子どもにとっては少し辛い場面が出てくるかもしれません。嫌な気持ちのままで食事をとるのは避けたいところです。

子どもの様子を見ながら、楽しく続けられる工夫をしてみてください。何も言わずに保護者の料理を黙々と食べる子もいれば、好き嫌いが激しく野菜が不足しがちな子もいます。子どもがスポーツをしているなら、親子で大会の目標を設定してそれまでは食事を意識したり、適度な休息日を設定してお菓子を食べたりしても良いでしょう。子どもはまだ自分で料理を作るのが難しいからこそ、子どもと「一緒に」食習慣を変えていくという意識が、何よりも大切なのです。

具体的な目標があると、それに向けた努力がしやすくなります。子どもと目標を共有して、それに向けて一緒にがんばるのも良いでしょう。

CHAPTER

2

タイプ別レシピ集

自分の体質をおおよそ把握したら、

実際にどんな料理を食べれば良いのかを見てみましょう。

Chapter 2は血液型で大きく分かれていますが、

その他に食欲がない時、朝食の時、

料理の時間がない時など、

さまざまなシーンに対応したレシピを掲載しています。

簡単調理でタンパク質を摂取できる
鶏胸肉のプレート

鶏の胸肉を使い、**動物性タンパク質を多くとる**メニューです。
また、タンパク質を効率よく活用するために、
ビタミンが豊富な野菜も同じプレートにのせます。
この調理法ならパサパサしがちな胸肉でもおいしく食べられます。

1 玉ねぎスープ
ビタミンB

2 豆サラダ
植物性タンパク質、ビタミンB、
ビタミンC、食物繊維、ミネラル

3 アマランサスご飯
亜鉛、マグネシウム、
糖質

4 ズボラ鶏ハム
動物性タンパク質

肉のやわらかさと栄養の両方を保持しておいしく食べる

このメニューはタンパク質の摂取が一番の目的です。脂質の少ない鶏の胸肉を選び、肉が苦手なA型でも食べられる献立に仕上げています。

タンパク質をとるだけでは不十分で、体に吸収させるためにはビタミンBやミネラルが必要です。それらを含んでいるのが玉ねぎ。ソースとスープに玉ねぎを入れて、ビタミンBとミネラルを補充します。

また、アマランサスという穀物と一緒に炊いたご飯もポイントです。アマランサスにはビタミンB群やマグネシウム、カリウム、亜鉛、鉄分など、多様な栄養素が豊富に含まれており「スーパーフード」と言われる穀物です。

中でも本書で重視しているのはマグネシウム。タンパク質や炭水化物の吸収を助け、筋肉とエネルギーのもとになる栄養です。この後のレシピでも、アマランサスご飯と肉のセットは度々登場します。

調理法もポイントです。湯が沸騰したら火を止め、カットした鶏肉を密閉袋に入れて、湯の中に入れて放置するだけ。熱が通るのを待っている間にほかのメニューの調理や洗い物ができるので、時間の面でも効率的です。

また、この調理法には栄養的な観点から見てもメリットがあります。鶏肉がパサパサしがちなのは、高温すぎる火にさらして肉の中のタンパク質が硬くなるため。タンパク質は68度以上になると硬化をはじめ、その他の栄養も壊れてしまいます。魚の調理に焼くことと揚げることをおすすめしないのも同じ理由です(→P.44)。しかし、この調理方法ならタンパク質を痛めることなく火を通すことができ、栄養も肉のやわらかさも保つことができます。

肉と玉ねぎソース、玉ねぎスープが食べられれば、最悪サラダはなくても構いません。タンパク質と玉ねぎの摂取を意識しましょう。

まとめ

- ◯タンパク質の摂取が目的
- ◯玉ねぎも食べて吸収効率をあげる
- ◯アマランサスご飯でマグネシウムもとる
- ◯調理は鶏肉を湯に入れるだけ

時短!

密閉して湯に入れるだけ 冷凍保存もOK

鶏肉は袋で密閉して、沸かした湯に入れるだけ。下味をつけた鶏肉を冷凍して保存しておいて、温めるだけの状態にしておくこともできます。

ズボラ鶏ハムの詳しいレシピはP.146へ

消化効率を考えた
試合前日に食べる鶏汁

試合前日に鶏肉で**動物性タンパク質**と、ご飯で**炭水化物**を補給します。
鶏汁は調理時の野菜の重ね方に注目。
さらに野菜のプレートでビタミン、鉄分、カルシウムなどをとり、
タンパク質と炭水化物の吸収をサポートします。

タンパク質と炭水化物を補給し野菜で吸収をサポート

試合前日に食べることを想定した献立です。タンパク質をはじめとしたエネルギー源を多く摂取できる上、消化効率の高さもより考えました。タンパク質は、鶏肉、豆腐、かぼちゃの中のきな粉と、動物性と植物性の両方のタンパク質を豊富に摂取できるように構成しています。

一般的な定食のメニューだと、汁の肉は豚肉になりがちですが、今回は鶏肉を使用しています。牛肉や豚肉は、消化にエネルギーと時間が必要なので、試合前日はなるべく避けたほうが良いでしょう。

また、ミネラル類も確保したかったため、副菜の野菜を多めにしました。ひじきでマグネシウム、切り干し大根でカルシウムを補給できます。ここでもアマランサスご飯を使用。もしひじきがなければ、わかめ、もずく、めかぶなどの海藻類で代用しましょう。

試合前日なので、生ものを食べてお腹を壊すことは避けたいところです。そのため、トマト以外はすべて火を通すメニューで構成されています。体調が心配ならトマトも外してOKです。

調理の仕方もポイントです。副菜のマッシュかぼちゃは、茹でたかぼちゃを潰して作るメニューですが、水分が足りなければ豆乳を足します。牛乳ではアレルギーがある人もいるため、ここでは豆乳を使用します。

鶏汁に入れる野菜は、鍋の中で重ね煮をします。この時の重ね方が重要です。野菜には「陰陽」があり、「陰」の野菜が下、「陽」の野菜が上になるように重ねます。

野菜の陰陽とは、生えてくる時の方向で区別します。トマト、ほうれん草、キャベツなど、地表から空に向かって生える野菜は「陰」の野菜。大根、人参、ジャガイモ、ごぼうなど、地中に潜り込んで生える野菜は「陽」の野菜です。調理の際には、「陰」の野菜の上に「陽」の野菜を重ね、お互いの成長のエネルギーをぶつけることで「中庸」の状態を作り、よりおいしく仕上げることができるのです。

もし食事の量が少なければ、鮭の切り身や納豆を追加して、タンパク質をより多く摂取できるようにしてください。

1 野菜のプレート

❶ 切り干し大根の炒めもの

鉄分、カルシウム

❷ 青菜のくるみ和え

植物性タンパク質、
ビタミン、ミネラル

❸ ひじきれんこん

鉄分、ミネラル

❹ マッシュかぼちゃ

β-カロテン、ビタミンC、
食物繊維、
植物性タンパク質

❺ 和風カプレーゼ

鉄分、ビタミン、
植物性タンパク質

2 鶏汁

動物性タンパク質、
植物性タンパク質、
ビタミン、ミネラル、
食物繊維

3 アマランサスご飯

亜鉛、マグネシウム、糖質

まとめ

- ○試合前日に
エネルギー源を
補給する献立
- ○すべての料理に火を
通して体調不良を防ぐ
- ○鶏汁を煮る時は、
陰陽に注意して
重ね煮をする

鶏汁の詳しいレシピはP.147へ ◀

ポイント！

**陰の野菜の上に
陽の野菜を重ねる**

鶏汁を煮る時には、陰の野菜の上に陽の野菜を重ねます。このレシピなら、下からニンニク、きのこ、小松菜、人参、大根、ごぼう、の順です。

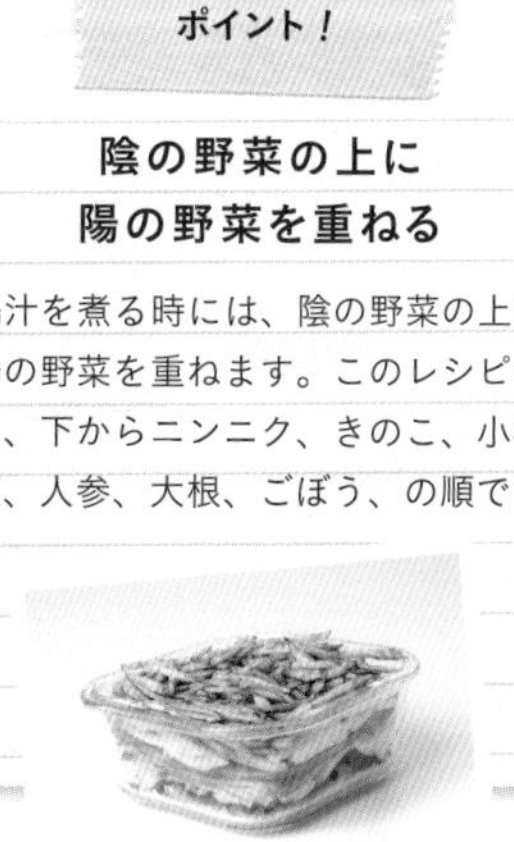

見た目も楽しみながら良質な動物性タンパク質をとれる手羽元

手羽元は脂質が低く、**良質な動物性タンパク質**を多く含む食材です。ターメリックライスを一緒に食べることで、**食欲を増進させます。** サラダを鮮やかに仕上げて、見た目も楽しみながら食べましょう。

2 **野菜の海苔和え**
マグネシウム、ビタミン

1 **まいたけの味噌汁**
ビタミンD、食物繊維

3 **手羽元スパイス焼き**
動物性タンパク質

5 **ターメリックライス**
ミネラル

4 **ベビーリーフのサラダ**
食物繊維、植物性タンパク質、ビタミン

骨付き肉の「髄液」が高い栄養価を持つ

手羽元はカロリーが低く栄養価が高い鶏肉で、著者もアスリートにおすすめすることが多い食材です。骨付き肉は加熱しても栄養が壊れにくいため、このメニューではフライパンを使って弱火でじっくり焼いています。また、骨と皮の間から滲み出てくる髄液の栄養価が高く、血液を作る成分が含まれています。見た目は赤く生肉のように見えますが、しっかりと加熱されていれば問題ありません。

ただし、油で揚げるのは避けます。栄養が壊れにくいと言っても、油の高温に耐えられるほどではありません。油の中に入れることで脂質も増してしまいます。また、同じ骨付き肉でも、手羽先は避けた方が良いでしょう。手羽先の皮は脂質を多く含むため、食べた後の消化に時間がかかります。

ターメリックライスもポイントです。黄色の食事は見た目から食欲を促進する効果があります。またターメリックは、昔の伝統医学では薬として扱われるほど栄養価が高いもので、肝機能や消化機能を高める働きがあります。ターメリックの原材料はウコン。日本でもお酒を飲む前後のドリンクにウコンが使われています。

ちなみに「栄養価が高い」というのは、少量の食材の中に多くの栄養が含まれていること。このレシピでは、手羽元とターメリックライスが「栄養価が高い食材」と言えます。アマランサスと同様、ウコンも「スーパーフード」です。

タンパク質やカルシウムを吸収し、体に同化させるための栄養素も必要です。マグネシウムは野菜の海苔和え、ビタミンDは味噌汁のまいたけ、食物繊維はサラダから補給します。サラダはドレッシングもつけて、見た目も鮮やかに仕上げましょう。ドレッシングは簡単に作ることができます。

まとめ

- ◯鶏の手羽元は高タンパク低カロリー
- ◯骨から滲み出る「髄液」の栄養価が高い
- ◯タンパク質を吸収するための栄養素も摂取する

ポイント！

手羽元はアスリート向けの食材

鶏の手羽先は皮の部分が脂質を多く含んでいますが、手羽元なら高タンパク低カロリーなので、アスリート向けの食材のひとつです。

手羽元スパイス焼きの詳しいレシピはP.148へ

ルーを使わない低脂質の「アスリート仕様」カレー

一般的なカレーは、ルーや肉で脂質が多くなってしまいますが、
肉をたっぷり使っても**脂質を抑えたおいしいカレー**を作ることはできます。
また、ビーツは「飲む点滴」と言われるほど、**鉄分豊富な食材**です。

1 **ビーツのスープ**
鉄分、マグネシウム、カリウム

2 **くるみサラダ**
ビタミン、食物繊維、ミネラル、植物性タンパク質

3 **ボロボロカレー**
ミネラル、ビタミンC、
ビタミンD、
動物性タンパク質、糖質

4 **ひじきとかぼちゃとズッキーニのマリネ**
鉄分、亜鉛、ビタミン、ミネラル

脂質の少ないカレーと「飲む点滴」ビーツ

カレーは子どもから大人まで大人気のメニューで、プロのアスリートでもカレーをリクエストする人が少なくありません。しかし、市販されているルーで作るカレーは、実は脂質の固まり。消化に大きなエネルギーと時間を費やすので、スポーツ選手にはあまり向いていないのです。

そこでこのメニューでは、脂質の少ない鶏の胸肉を使い、ルーを使わずにスパイスで味付けをすることで、さっぽりとしたドライカレーに仕上げました。高タンパク低カロリーのカレーになり、消化・吸収がしやすく、まさにアスリート仕様のカレーと言えます。水分が足りない時は、豆乳を入れることで、さらにタンパク質を補給できます。

また、カレーの具材の中にきのこと玉ねぎを入れれば、タンパク質と同時に、タンパク質の吸収に必要なビタミンB群も一度に補給できます。ちなみに、これらの具材を鍋で炒める時も、P.65と同じように「陰陽」を意識した重ね方にすると良いでしょう。肉はもっとも強い「陽」の食材なので、野菜を炒めてから最後に入れます。米はターメリックライスにすれば、カレーと色合いもそろってきれいにできあがります。もちろん普通のご飯でもかまいません。

副菜のひじきでマグネシウム、サラダで食物繊維を補給。サラダにはくるみも入れて、植物性タンパク質を補給しましょう。

もうひとつ大きなポイントは、ビーツのスープです。一般家庭ではなじみがない食材かもしれませんが、「飲む点滴」と言われるほどの鉄分含有量がある野菜です。マグネシウムやカリウムといったミネラル類も豊富で、血液を作り、体に栄養を行き渡らせるための役割を果たします。カレーやサラダで摂取した栄養を、体中に運んでくれるでしょう。

まとめ

- ◯鶏の胸肉を使い、スパイスで仕上げるカレー
- ◯玉ねぎやきのこも一緒に食べる
- ◯ビーツは「飲む点滴」と言われるほど鉄分が豊富

ボロボロカレーの詳しいレシピはP.148へ

ポイント！

スパイスを使うから胃に優しい

混ぜるだけのルーではなくスパイスを使うのが最大のポイント。コリアンダー、カルダモン、クミンなどで味を整えましょう。

疲労回復とエネルギー補給の一石二鳥のレモンチキンステーキ

食事に飽きがちな子どもも、最後までおいしく食べられるレモンステーキです。野菜を添えることでタンパク質を消化・吸収し、**体の免疫作成をサポートします。**

1 **玉ねぎスープ**
ビタミンB

2 **ひじきとかぼちゃとズッキーニのマリネ**
鉄分、亜鉛、ビタミン、ミネラル

3 **焼き野菜のプレート**
ビタミンD、食物繊維、ビタミンC

4 **レモンチキンステーキ**
動物性タンパク質、ビタミンC

5 **アマランサスご飯**
亜鉛、マグネシウム、糖質

焼き野菜の色が楽しい食事の雰囲気を作る

鶏のもも肉を使ったレモンチキンステーキです。鶏肉の動物性タンパク質をとりつつ、レモンも食べることで、疲労回復の効果も期待できます。もも肉は唐揚げなどでも使う肉ですが、脂質が多い皮を剥いで脂を避ければ、やわらかくておいしく、かつ高タンパク低カロリーに食べられます。

焼き野菜は、自分の食事タイプや不足している栄養に合わせて別の野菜に変更してもかまいません。ここで使っているのは、きのこ、アスパラガス、パプリカ、芽キャベツです。きのこはビタミンDをはじめとした栄養価が高いので今回もチョイス。アスパラガスもビタミン全般が豊富です。

パプリカを選んだのは、栄養素のほかに見た目も理由です。色の濃い野菜はファイトケミカルという色素が多く、抗酸化作用が期待できるので、生活習慣病の予防にもなります。また、見た目が華やかになれば喜ぶ子どもも多く、楽しい食事の雰囲気を作ることもできます。芽キャベツは、普通のキャベツと同じ栄養素が、普通のキャベツ以上に凝縮されています、芽キャベツも多くのアスリートにすすめる野菜です。

玉ねぎスープはビタミンB、ひじきとかぼちゃとズッキーニのマリネは鉄分を筆頭としたミネラル類を補給、タンパク質の吸収を助けます。

調理も簡単です。レモンチキンステーキは、塩こしょうを振り、醤油をかけて、袋に入れて30分ほど置いてから焼くだけ。袋に入れた状態で冷凍保存すれば、解凍して焼くだけの状態にできます。

副菜も含めて全体的に火を入れたメニューで構成し、胃の負担を軽くしています。焼き野菜は、火が強すぎると栄養が壊れるので、クッキングシートで包んで弱火でじっくり焼くのがコツです。

まとめ

- ◯レモンと鶏肉を同時に食べてエネルギー補給と疲労回復
- ◯野菜はクッキングシートに包み弱火で焼く
- ◯色の濃い野菜で楽しい雰囲気を作る

レモンチキンステーキの詳しいレシピはP.149へ

ポイント！

密閉袋に入れたまま冷凍保存もできる

密閉袋に味付けした鶏肉を入れ、そのまま冷凍庫に入れれば、1カ月ほど保存できます。味付けもすんでいるので解凍して焼くだけです。

かぼちゃの種を入れた鶏肉のつくねスティック

かぼちゃの種を入れたつくねを海苔で巻き、マグネシウムや
植物性タンパク質を体に取り入れます。筋トレや走り込みなど、
負荷が高いトレーニングの前後に食べるのがおすすめです。

2 **まいたけのお吸い物**
ビタミンD、食物繊維

1 **鶏肉のつくねスティック**
動物性タンパク質、
植物性タンパク質、マグネシウム

4 **ひじきれんこん**
鉄分、ミネラル、ビタミン

3 **アマランサス豆ご飯**
マグネシウム、亜鉛、糖質、植物性タンパク質

ミンチ肉を使ったつくねなら臭みも食感もやわらぐ

この献立でも鶏肉のミンチを使ってタンパク質を補給します。まれに、鶏肉の臭みや食感が苦手な子どももいるので、つくねにして味付けすることで臭みや食感をなくし、食べやすくする工夫をしました。鶏肉なら胸肉でももも肉でも、どちらでもかまいません。

牛肉や豚肉は、A型とAB型は苦手なことが多く、家族で同じメニューを食べるのが難しくなります。また、牛や豚のミンチは脂質の多い肉が使われていることが多いので、なるべく使わない方が良いでしょう。

つくねの中にパンプキンシード（かぼちゃの種）を入れて、こりこりとした食感で肉感をやわらげています。胃の調子を整える健胃作用があり、ヨーロッパでは胃腸薬の代わりに食べているところもあるほどです。また、尿の調子を整える効果もあり、おしっこが出過ぎる人、頻繁にトイレに行く人、おねしょをしてしまう人などにおすすめです。

アマランサスご飯の中にはグリンピースを入れています。これは植物性タンパク質の補給が目的です。もちろんそのままのアマランサスご飯でも、白米でもかまいませんが、特に肉が苦手な傾向にあるA型がつくねを食べる場合は、グリンピースで植物性タンパク質を入れた方が良いでしょう。

まいたけのお吸い物はビタミンD、ひじきれんこんはマグネシウムとカリウムの摂取が目的で、タンパク質の吸収をサポートします。肉を食べる時の鉄板と言っても良いセットです。

つくねは調理に手間がかかるイメージもあるかもしれませんが、ここではフライパンに海苔を敷いて、その上にミンチ肉を敷いて巻くだけのかんたんな方法を記載しています。海苔はマグネシウムの補給もできるので、栄養面でも調理面でも大きなメリットになります。

まとめ

- ◯つくねにすることで肉の臭みや食感をやわらげる
- ◯つくねにパンプキンシードを入れる
- ◯グリンピースで植物性タンパク質を確保

鶏肉のつくねスティックの詳しいレシピはP.149へ

ポイント！

卵焼きフライパンでつくねを作る

卵焼きフライパンで調理すると、海苔も敷きやすく簡単に巻くことができます。洗い物も少なくなり、片付けも楽です。

植物性タンパク質を豊富にとれる A型向けの豆腐ステーキ

豆腐は良質なタンパク質の持ち主。ステーキ風に調理し、衣をおかかにすることで、**必須アミノ酸**も効率的に摂取できます。また、あさりのスープで疲労回復効果も見込んでいます。

良質なタンパク質とは加工されていないタンパク質のこと

豆腐は良質な植物性タンパク質を豊富に含んでおり、動物性タンパク質が苦手な傾向にあるA型に特に向いている食材です。豆腐の水気を切ってステーキ風に焼くことでボリューム感を出し、食欲を満たします。

ちなみに、動物性、植物性を問わず、「良質なタンパク質」とは、加工されていない自然な状態のタンパク質のことです。添加物が少なく、なるべくにがりだけで作られている豆腐は「自然に近いタンパク質」と言えるでしょう。

ステーキ風に調理するには、鰹節の衣をつけて焼きます。豆腐と鰹節は味の面でも栄養の面でも相性が良い組み合わせです。冷奴に豆腐をかけて食べればおいしいのと同じように、衣にしてステーキ風に焼いてもおいしく仕上げることができます。栄養面では、鰹節に豊富に含まれている必須アミノ酸が、豆腐のタンパク質を増強して、疲労回復につながるでしょう。鰹節はたっぷり使って焼いてください。

同じプレートにのっているサラダには、豆が入っています。豆類も植物性タンパク質が豊富なので、よりA型向けのレシピになっています。

あさりのスープはビタミンB群が豊富で、こちらも疲労回復を見込んでいます。あさりに限らず、貝類は全般的にビタミンB群が豊富で、貝を苦手とする食事タイプの人も少ないので、ほかのレシピでも重宝する食材です。貝類は熱を入れた時に滲み出てくる水分に栄養が凝縮されているので、スープにして汁ごと飲むのが良いでしょう。

米に鉄板のアマランサスご飯、ひじきれんこんを添えて、マグネシウムとミネラルを摂取し、タンパク質の吸収をサポートします。マグネシウムはどんな料理でも多めに食べることを意識するのが良いでしょう。

ひとつひとつのメニューにはそれぞれ意味がありますが、豆腐はまぶして焼くだけ、サラダも材料をそろえてのせるだけ、スープも貝の砂を抜いて茹でるだけと、それぞれの調理はとても簡単なので、時間がない中でも作れる献立になっています。

1 アマランサスご飯
亜鉛、マグネシウム、糖質

2 豆サラダ
植物性タンパク質、ビタミン、食物繊維、ミネラル

3 豆腐ステーキ
植物性タンパク質、アミノ酸、ミネラル

4 あさりのスープ
ミネラル、ビタミンB群

5 ひじきれんこん
鉄分、ミネラル、ビタミン

まとめ

- ◯植物性タンパク質が豊富なA型向けレシピ
- ◯豆腐とおかかは栄養面でも味の面でも相性が良い
- ◯ひとつひとつの作り方は簡単

豆腐ステーキの詳しいレシピはP.150へ

ポイント！

タンパク質とアミノ酸の組み合わせ

タンパク質はアミノ酸を成分に作られます。鰹節と豆腐を同時に食べれば、より多くのエネルギーを吸収できるようになります。

植物性の食材で統一して消化する オートミール枝豆ハンバーグ

植物性の食材で統一し、**消化にかかる時間を短くする**ことで、
消化に費やす体のエネルギーを節約できます。
動物性の食材を使わない「ヴィーガンメニュー」は、
日本でも取り入れるアスリートが増えています。

1 **もずくスープ**
ミネラル、食物繊維

2 **オートミール枝豆ハンバーグ**
ビタミンB、植物性タンパク質

3 **青菜のくるみ和え**
植物性タンパク質、
ビタミン、ミネラル

4 **アマランサスご飯**
亜鉛、マグネシウム、糖質

牛肉を避けて植物性タンパク質をとる

オートミールとは、麦を脱穀して食べやすく加工したもの。食物繊維、鉄分、カルシウム、ビタミンB群などが豊富に含まれており、栄養価が高い食材です。このオートミールをハンバーグに見立てて焼くことでおかずにし、食欲を促進させます。

ハンバーグの中に枝豆を入れているのもポイントです。オートミールは麦のため、タンパク質はあまり含んでいませんが、枝豆を入れることで植物性タンパク質の補給になります。枝豆でなく別の豆類でも良いでしょう。

ハンバーグを焼く時の油は、米油やオリーブオイルを使います。味付けは、塩、胡椒、醤油というシンプルな組み合わせのみ。ソースやケチャップは添加物が多く含まれている加工食品なので、スポーツ選手には向きません。

もしオートミールが苦手なら、脂質が少なめの鶏や豚のミンチ肉でもOKです。

オートミールハンバーグだけだとタンパク質がやや足りないので、青菜のくるみ和えの中のくるみで、さらに植物性タンパク質を補給します。青菜は豊富な食物繊維を含んでいるので、タンパク質の吸収効率が促進されます。そして、もずくスープでミネラル、アマランサスご飯でマグネシウムを補給します。

この献立はすべて植物性の食材で構成されており、これを「ヴィーガンメニュー」と呼びます。植物性の食材に統一することで、胃に入った時に消化しやすく、エネルギーをあまり費やさずに済むのです。食欲がない時や体調が悪い時などに食べると良いでしょう。オートミールに含まれているビタミンB群は、疲労回復効果も期待できるので、激しい運動で疲れている時も向いています。近年はアスリートの中でも取り入れる選手が増えており、家庭でも試してもらいたい献立です。

オートミール枝豆ハンバーグの詳しいレシピはP.150へ

まとめ

- ◯オートミールとは麦を加工した食材
- ◯枝豆も入れて植物性タンパク質を加える
- ◯植物性の食材で統一する献立を「ヴィーガンメニュー」という

ポイント！

肉を一切使わない「ヴィーガンメニュー」

下の写真は、この献立に使われた材料です。肉全般が体に合わないの人もいますが、植物性の食材をキープしつつ、肉のような食事を楽しめます。

肉や魚と同じように
豊富なタンパク源となる厚揚げ

タンパク源は肉や魚と思いがちですが、植物性の食材のみを使った「ヴィーガンメニュー」でも、**良質で豊富なタンパク質を確保**しつつ、おいしいおかずを作ることができます。

2 **アマランサスご飯**
亜鉛、マグネシウム、糖質

1 **あおさの味噌汁**
ミネラル、ビタミンB、食物繊維、植物性タンパク質

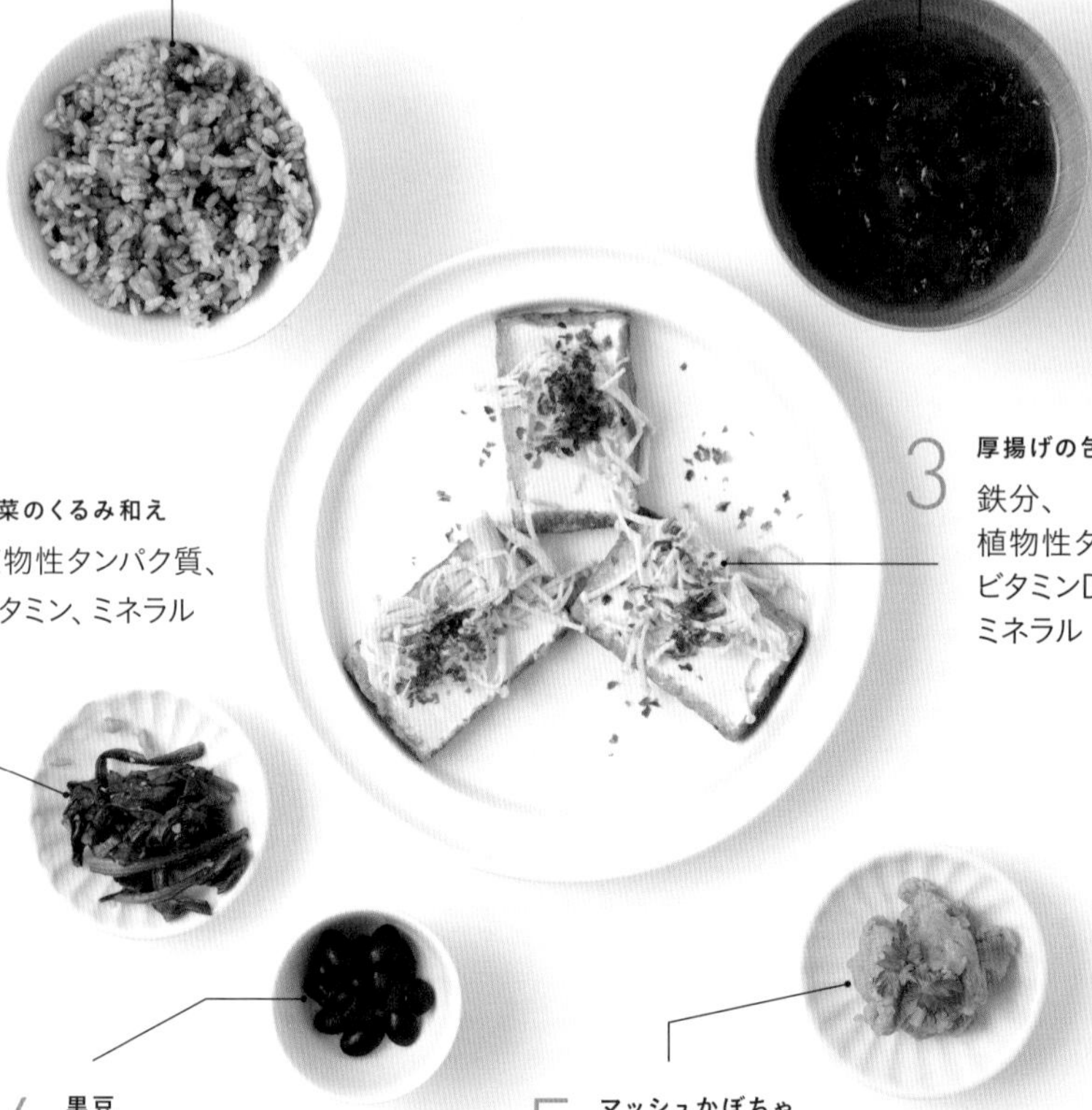

3 **厚揚げの包み焼き**
鉄分、植物性タンパク質、ビタミンD、ミネラル

4 **青菜のくるみ和え**
植物性タンパク質、ビタミン、ミネラル

6 **黒豆**
植物性タンパク質、鉄分

5 **マッシュかぼちゃ**
β-カロテン、ビタミンC、食物繊維、植物性タンパク質

効率的なエネルギー吸収に最適なメニュー

こちらも植物性の食材のみでそろえた「ヴィーガンメニュー」です。肉や魚を使わなくても、工夫次第でメイン料理は十分に成り立ちます。肉が苦手な傾向にあるA型に特に向いている献立です。

メインのおかずは厚揚げです。味噌と豆乳を混ぜ合わせたソースをかけ、弱火でじっくり焼くことで、栄養は維持しつつ立派なおかずに仕上げることができます。

厚揚げは栄養面から考えてもアスリート向きの食材です。豆腐を油で揚げることで水分が少なくなり、栄養が凝縮され、鉄分は木綿豆腐の4倍になります。加えて、もともと豊富な植物性タンパク質も濃密になるのです。

一方で、豆腐を油で揚げているので、脂質が残っている場合もあります。すでに「油抜き」をしてある製品を選ぶか、熱湯を厚揚げにかけて「油抜き」をすれば、脂質も気にせず食べられるでしょう。

厚揚げだけでなく、黒豆、マッシュかぼちゃのきな粉、青菜のくるみ和えの中のくるみなど、とにかく植物性タンパク質が豊富な献立になっており、エネルギー補給を効率的に行いたい場合に有効な食事です。黒豆は調理するのにやや手間がかかるため、スーパーに売っている黒豆をそのまま出してもかまいません。ただしその場合、甘さ控えめの黒豆にして、砂糖がなるべく少ないものを選びましょう。

もちろん、タンパク質をとるだけでは体にうまく吸収されません。あおさの味噌汁や、厚揚げにのせているきのこでビタミンBを補給し、タンパク質の吸収を助けます。ご飯は”鉄板”のアマランサスご飯で、炭水化物とマグネシウムを補給し、栄養バランスを整えます。すべて植物性の食材で構成されているため、食物繊維も豊富です。

まとめ

- ◯植物性タンパク質が豊富な献立
- ◯肉や魚を使わず厚揚げをおかずに仕上げる
- ◯植物性の食材が中心なので、食物繊維も豊富にとれる

厚揚げの包み焼きの詳しいレシピはP.151へ

ポイント！

豆腐は水分が少なくなるほど栄養が凝縮される

絹豆腐、木綿豆腐、厚揚げの順に、豆腐から水分が抜かれ、栄養が凝縮されます。例えば鉄分なら、厚揚げは木綿豆腐の4倍になります。

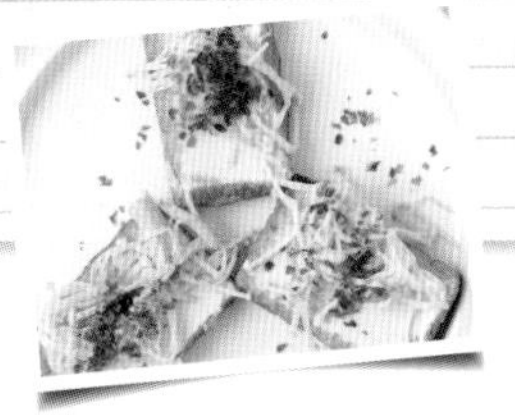

栄養豊富な
フレッシュトマトで作るエビチリ

出来合いのソースではなく、**トマトから煮込んで作る**エビチリです。
本書の中でもっとも長い調理工程ですが、
フライパンひとつで作ることができます。
色合いも意識して作り、食欲を促進することもねらいです。

1 **エビチリ**
動物性タンパク質、ビタミン

2 **玉ねぎスープ**
ビタミンB

3 **ターメリックライス**
ミネラル、健胃作用

トマトソースを覚えればほかの料理に応用できる

家庭で作る中華料理は、市販の「〇〇の素」のようなソースで作る方も多いと思いますが、今回のレシピはソースもすべて自分で作ります。出来合いのソースは味が濃く、人工調味料や添加物も多いので、スポーツ選手向きではないため、避けた方が良いでしょう。

エビは他の海鮮物と同様、動物性タンパク質が豊富な食材です。また、カルシウムの含有量も多く、成長期の子どもに食べてもらいたい海鮮です。なるべく火を弱くして、エビの栄養を維持できるように調理しましょう。

このエビチリはトマトソースで作ります。トマトも緑黄色野菜のひとつで、色が濃く栄養価が高い野菜です。特に豊富なのはリコピンとビタミンで、抗酸化作用が期待できるでしょう。

エビチリには玉ねぎやニンニクも入れており、トマトソースと合わせて栄養が豊富なので、ほかの副菜はシンプルにおさえています。玉ねぎスープはタンパク質の吸収を助けるビタミンBを摂取するのと同時に、口の中に残る海鮮の臭みを消す効果もあります。タンパク質の量に不安があれば、玉ねぎを入れた味噌汁にして、味噌から植物性タンパク質を補給しても良いでしょう。

ターメリックライスはウコンの成分があるので、消化機能もアップ。赤いエビチリと黄色のターメリックライスの組み合わせは色が映え、見た目もおいしそうに仕上げられます。

調理がやや難しいのはトマトソースです。本書の中でもっとも長い工程になっています。しかし、工程通りに調理すればフライパンひとつで作ることができる上、パスタやオムレツなどにかけてもおいしいので、一度作り方を覚えればほかの料理にも応用できます。料理のバリエーションが増えるので、ぜひチャレンジしてみてください。

まとめ

- ◯トマトソースでエビチリを作る
- ◯エビは低脂質で動物性タンパク質が豊富
- ◯トマトソースは他の料理にも応用できる

エビチリの詳しいレシピはP.151へ

アレンジ！

鶏肉やイカにも代用できる

エビが苦手な人や、甲殻類のアレルギーがある人は、イカや鶏肉に代用してもかまいません。タンパク質でエネルギーを補給できます。

食欲がない時に
さっぱりと栄養をとれる鯖缶サラダ

食欲がない時のためのシンプルなメニューです。
野菜と魚でさっぱりと食べられるだけでなく、
お酢をかければクエン酸の**疲労回復効果**も期待できます。

1 **鯖缶サラダ**
動物性タンパク質、DHA、EPA、ビタミンA、
ビタミンB、ビタミンC、ビタミンE、ミネラル類

穀物酢をかけてクエン酸も確保

本書の中で一番シンプルなメニューで、１品目のみの献立です。夏の暑い時期や体調不良時など、食欲がわかない時に食べると良いでしょう。体脂肪が気になる人のダイエット食にもなります。

糖質よりもタンパク質を優先し、リーフのサラダの上に鯖をのせています。鯖は缶詰で十分です。サラダの中にはパプリカも入っているので、ビタミンＡ、Ｂ、Ｃ、Ｅを補給することができ、タンパク質の吸収をサポートしてくれます。糖質をとれる食材が不足していますが、普段の食事できちんと糖質を補給していれば、１食くらいなら抜いても問題ありません。味が薄く食べづらければ、カレーパウダーやドレッシングをかけて味を変化させてもおいしいです。

ポイントは、穀物酢をかけていること。疲れている時に食べれば、お酢に含まれているクエン酸が疲れを取り除いてくれます。使用しているお酢は穀物酢。普通のお酢は添加物や人工甘味料が多く、特に「調味酢」は避けた方が良いでしょう。純米酢、純リンゴ酢など、「純」がついて、添加物や砂糖が少ないお酢を使うのがおすすめです。やや値段が高くなりますが、お酢は毎日買うものではないので、良質なものを使うのが良いでしょう。

鯖は刺身用の魚を買って、熱を入れてサラダにのせてもかまいません。熱を入れる時は、焼いたり揚げたりするのではなく、蒸すか煮るなどすると良いでしょう。強すぎる熱は、魚の栄養を壊してしまいます（→P.44）。

サラダ以外にもう少し食べる余裕があれば、果物をプラスするのも良いでしょう。穀物が苦手な傾向のあるＢ型の人でも、果物をとれば糖質を補給できるので、体を動かすエネルギーになります。

まとめ

- ◯本書の中でもっとも シンプルなメニュー
- ◯試合後や 食欲がない時に 食べる
- ◯鯖缶に加えて 果物を食べると 糖質を補給できる

鯖缶サラダの詳しいレシピはP.１５１へ

アレンジ！

刺身用の魚に 火を入れる

鯖缶はパサパサしていて食べづらいという人は、刺身用の鯖に火を入れてかけると良いでしょう。鯖以外の魚でも問題ありません。

高タンパク低カロリーのたこ飯を多くの副菜でサポートする

たこは「スーパーフード」と呼べるほど**高タンパク低カロリー**の海鮮物で、
炊き込みご飯で簡単に調理できます。
副菜をやや多めの献立にして、タンパク質の吸収をサポートします。

野菜は「色の濃い葉のもの」を選ぶ

たこは海鮮物の中でも特に高タンパク低カロリーの食材です。たこの刺身を食べれば、アスリートの筋力トレーニング後のタンパク質の補給が十分なほど。このレシピでは炊き込みご飯にして米と合わせ、糖質も補給できるメニューにしました。

たこの炊き込みご飯でタンパク質と糖質を確保したため、副菜には吸収を助ける栄養を多めにそろえます。たこのタンパク質は動物性のため、豆腐のカプレーゼで植物性タンパク質を補給。タンパク質だけではうまく吸収できないため、すまし汁のきのこに含まれているビタミンDで、タンパク質の吸収を助けます。青菜のくるみ和えで食物繊維を確保し、ひじきれんこんで鉄分とマグネシウムも補給。体全体に栄養を行き渡らせます。

くるみ和えの青菜は、ほうれん草、小松菜、チンゲンサイなど、色の濃い野菜を選ぶと良いでしょう。それらの野菜は、緑色を構成する色素に多くの栄養素が入っており、ビタミンA、C、E、ヨウ酸などを多く含むので、免疫力のアップにもつながります。大人が食べれば、コレステロール値やメタボリックシンドロームの抑制、ガンや高血圧予防にも効果があると言われています。レタス、白菜、キャベツなどの色が薄い野菜も、もちろん栄養がないわけではありませんが、著者はあまり使いません。

また、旬の野菜であるかどうかも重要です。春の菜の花、夏のモロヘイヤ、秋のチンゲンサイ、冬のほうれん草など、季節ごとの旬の葉の物を選ぶことで、もっとも効率よく栄養をとることができます。同じ理由で、トマト、人参、かぼちゃなどの「緑黄色野菜」といわれる色の濃い野菜はおすすめです。

調理の上でも、難しいメニューは特にありません。たこ飯は炊飯器に入れて炊き込みご飯にしてしまえば、あとはよそうだけで完成です。その他の副菜も、のせるだけ、煮るだけ、混ぜるだけのものが多いです。簡単な調理で充実した献立に仕上げられるので、ぜひ試してみてください。

まとめ

- ◯たこは高タンパク低カロリーのアスリート向きな食材
- ◯炊き込みご飯にして効率よく吸収する
- ◯すまし汁にきのこを入れて消化を助ける

たこ飯の詳しいレシピはP.152へ

時短！

炊き込みご飯で多くの栄養素をとる

たこ飯に限らず、さまざまな具を入れる炊き込みご飯はおすすめ。調理が簡単な上、ひとつのメニューで多くの栄養素をとることができます。

疲労回復が目的の
あさりの蒸し煮とわかめご飯

連日の試合や練習など、ハードな日程が続く時は、
疲労回復とエネルギー補給を同時に行う必要があります
あさりの蒸し煮で疲労回復、ご飯でエネルギー補給をしましょう。

海鮮物は日本人全般に合いやすい傾向がある

こちらも手軽さと栄養の両方を重視した献立です。著者が担当するアスリートの中には一人暮らしの選手も多いので、簡単にできるメニューは多くそろえています。

あさりの蒸し煮は、フライパンですべての材料を煮るだけで完成です。あさりから出てくる水分に含まれている塩分が十分な味付けになり、塩や醤油もいりません。どうしても味が薄ければ醤油で味を整えても良いでしょう。

あさりはビタミンB、マグネシウム、亜鉛などが豊富で、どれも疲労回復に効果がある栄養です。一緒に入れている葉のものにあさりの出汁が染み込んで、野菜の栄養価もより高めることができます。野菜は、色が濃く、旬の葉のものがおすすめです(→P.84)。

貝類が苦手な人は、イカで代用しても良いでしょう。あさりと比べると栄養素は異なりますが、イカでもタンパク質、マグネシウム 、ミネラルをとることができ、脂質が少ないので、たこと同様アスリート向けの食材です。海鮮物は血液型に関わらず、日本人全般に相性が良い傾向があるので、積極的に取り入れましょう。

わかめご飯も調理は簡単で、わかめを少し炒めて白米と混ぜるだけ。乾燥わかめを水で戻してもOKです。わかめはマグネシウムが豊富で、海藻類なのであさりやイカとの相性も良く、味の面でも栄養面でも相乗効果があります。

サラダと味噌汁で、不足している栄養素を補います。味噌汁にはきのこを入れてビタミンDを補給。あさりとわかめご飯ではタンパク質がやや不足するので、味噌から少量の植物性タンパク質がとれます。サラダは食物繊維が中心で、くるみを入れると、こちらも植物性タンパク質の補給になります。

あさりやわかめによる疲労回復を主としているので、消化・吸収に負担がかかるタンパク質はややおさえています。一方で、米の糖質でエネルギー源は確保しているので、A型向きのメニューと言えるでしょう。試合を終えて、翌日にも練習や別の試合がある時など、疲労回復とエネルギー補給の両方が必要な時に食べるのがおすすめです。

1 **あさりの蒸し煮**

ビタミンB、ミネラル、食物繊維、動物性タンパク質、亜鉛、鉄分

2 **まいたけの味噌汁**

ビタミンD、食物繊維

3 **わかめご飯**

マグネシウム、ミネラル、食物繊維、糖質

4 **くるみと人参のベビーリーフサラダ**

植物性タンパク質、ビタミン、食物繊維、ミネラル

まとめ

- ◯疲労回復とエネルギー補給の両方が目的
- ◯簡単に作れるメニューをそろえ効率的に摂取
- ◯貝類が苦手な人はいかに代用してタンパク質をとる

あさりの蒸し煮の詳しいレシピはP.152へ

ポイント！

貝が苦手な人はイカで代用する

あさりを食べるのがもっともおすすめですが、イカで代用すればタンパク質が多くなり、筋肉やエネルギーを作る栄養をとることができます。

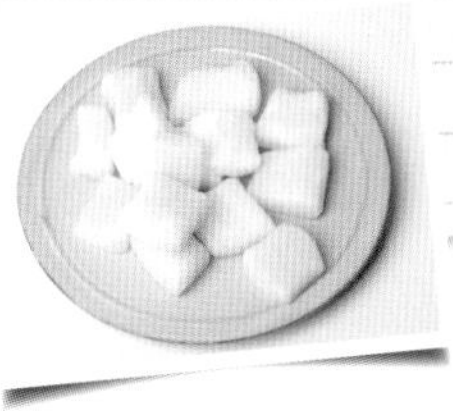

調理が簡単で栄養も確保できる朝食向きのホタテステーキ

朝食は1日の始まりに食べるため、**しっかりとした栄養補給が必要**ですが、
身支度やお弁当の準備などと並行すると、意外と時間がないもの。
そこで、調理が簡単で栄養も確保できるホタテステーキのレシピです。

疲労回復をサポートする栄養は疲れる前にとる

ホタテはビタミンBが豊富で、疲労回復をサポートしてくれます。食事は胃に2～3時間、小腸に5～8時間とどまり、小腸で80%吸収されるので、朝食にホタテステーキを食べてから、午前中に運動したとすると、昼ごろにビタミンBが体の中に行き渡り、効率的に疲労回復をはかることができます。ホタテではなく、あさりの味噌汁を食べても同じような効果が期待できるでしょう。喉が乾く前に水を飲んでおくのと同じように、疲れる前に疲労回復の栄養素をとっておくことが大事なのです。

調理が簡単であることも、朝に向いている点です。朝食は1日の始まりに食べる料理なので、まとまった量と栄養素が必要ですが、余裕がない朝に手間のかかる料理を作るのはなかなか難しいもの。そういった方でも、ホタテなら簡単に調理し、かつ栄養も確保することができます。味噌と豆乳を混ぜてソースを作り、ホタテをオリーブオイルで炒めてからソースをかけるだけ。弱火でしっかり火を通せば完成です。

ホタテのまわりに置く野菜のプレートもポイントです。今回はアスパラガスとえんどう豆を焼いて、植物性タンパク質とビタミンを確保。ミニトマトでさらにビタミンＡを補給します。これらの野菜は、時間がなければベビーリーフをのせるだけのサラダに変えたり、普段の食事で足りていないと感じる栄養素を補給する野菜に変えたりして、自由にアレンジしてかまいません。

付け合わせには切り干し大根とひじきの和え物を用意しました。アマランサスご飯と合わせて、マグネシウムなどのミネラルと、切り干し大根からカルシウムを摂取し、体の成長や栄養の循環をサポートします。油揚げの味噌汁は、油揚げや味噌から植物性タンパク質をとることができます。全体的にややタンパク質が少なめなので、豆腐を加えて植物性タンパク質を補給しても良いでしょう。ホタテにも動物性タンパク質が含まれているので、動物性と植物性の両方のタンパク質を補給でき、朝食で必要なエネルギーが十分確保できる献立になっています。

まとめ

- ◯ホタテは
ビタミンB群が豊富で、
疲労回復効果がある
- ◯食事は計10時間程度
体内にとどまる
- ◯朝食でホタテを
食べれば昼から
疲労回復効果が
出始める

ホタテステーキの詳しいレシピはP.153へ

ポイント！

疲れ始める前に対策をとることができる

午前7時に朝食をとるとすると、栄養が吸収され始めるのが12時ごろ。疲れ始める前に食事で対策をとることができます。

成長期に食べたい
カルシウムたっぷりのじゃこ大根葉丼

子どもの成長にはカルシウムが欠かせません。
普段捨ててしまいがちな大根の葉と、
カルシウムたっぷりのじゃこを合わせて丼に仕上げました。

1 **じゃこ大根葉丼**
カルシウム、ビタミンD、マグネシウム、
動物性タンパク質、食物繊維、糖質、ビタミン

2 **あさりのスープ**
ミネラル、ビタミンB

子どものうちにカルシウムをとれば貯蓄の「器」が広がる

このレシピの一番のポイントは、大根の葉を使っていることです。大根の葉はあまりなじみのない食材かもしれませんが、実はカルシウムが豊富に含まれているので、子どもには特に食べてもらいたい野菜のひとつです。葉付きの大根を買って、茎と分けて食べると良いでしょう。一緒に振りかけているじゃこもカルシウムが豊富な食材です。ちなみに、大根の茎は主にビタミン類が豊富に含まれています。

P.28で栄養の貯蓄の話をしましたが、カルシウムを体の中に貯蓄できる「器」を広げられるのは、概ね20歳までと言われています。20歳を過ぎると器が広がらず、食事でできるのは、消費された分のカルシウムを補填するだけ。大人になると体の成長が止まるのもこのためです。逆にいえば、子どものうちに大きな器を作っておけば、伸びしろの限り身長が大きくなったり、怪我をした時に治りが早くなったりする可能性があるということです。そのため、体の成長期である子どものうちに、小魚や大根の葉などでできるだけカルシウムを摂取することを心がけます。

ちなみに、カルシウム以外の栄養素にも体の中に貯蓄できる「器」がありますが、年齢で器の成長が止まるのはカルシウムだけです。

タンパク質と同様、カルシウムもただ食べるだけではうまく吸収できません。このレシピでは丼の中にまいたけを添えました。きのこに含まれるビタミンDをとることで、カルシウムの吸収効率をアップさせます。

スープはあさりなどの貝類にするのがベストですが、しじみや豆腐の味噌汁でもかまいません。じゃこ大根葉丼だけではタンパク質が少なくなりがちなので、豆腐で植物性タンパク質をとるなどのアレンジをすれば、栄養バランスをとりやすくなります。

まとめ

- ◯大根の葉とじゃこをたっぷり入れてカルシウムを確保する
- ◯カルシウムを貯蓄できる「器」の大きさが20歳までに決まる

ポイント！

大根の葉は使い勝手の良い食材

大根の葉は味噌汁に入れたりお浸しにしたりするなど、意外と使い勝手の良い食材です。捨てずに調理に活用しましょう。

じゃこ大根葉丼の詳しいレシピはP.153へ

包み焼きで栄養を閉じ込めた サーモンの包み焼き

サーモンを**クッキングシートで包み焼き**にすることで、
タンパク質と鉄分を含んだ水分を逃すことなく閉じ込め、
サーモンが持つ栄養を逃すことなくとることができます。

サーモンから流れ出る汁にも栄養が詰まっている

サーモンの動物性タンパク質をとることを中心に考えたメニューです。魚は種類を問わず全般的にタンパク質が豊富で、アスリート向けの食材であることは、すでに解説しました(→P.44)。中でもサーモンは脂質が少なく、鉄分が豊富な魚です。サーモンと一緒にきのこや玉ねぎを添えることで、タンパク質の吸収効率をサポートします。

このレシピでのポイントは調理法です。サーモンをきのこや玉ねぎとともにクッキングシートで包み、弱火でじっくり焼きます。魚は強い火にかけると栄養が壊れてしまいますが、この焼き方ならその心配はありません。火のまわりもゆっくりでサーモンの身を痛めないので、ふっくらと仕上がりパサパサにならず、良質な脂質が残ったままおいしく食べられるでしょう。

また、魚を焼く時には栄養を豊富に含んだ水分が出てくるのですが、普通に焼くと水分が流れ出たり、蒸発してしまったりしてしまいます。このレシピではサーモンをシートで包んで焼くことで、栄養を含んだ水分も逃さずに閉じ込めます。シートの中に残った汁をソース代わりにして食べれば、豊富なタンパク質と鉄分をとることができるでしょう。水分が出なければフライパンも汚れないので、片付けも楽です。クッキングシートがなければ、かわりにアルミホイルで包んで焼いても、同じ効果が期待できます。子どもならサーモンは一切れ、大人なら二切れを食べれば、一食に必要なタンパク質を確保できます。

野菜のプレートには、人参、青菜で、ビタミン類と食物繊維を確保します。人参はてん菜糖、塩、バルサミコ酢で味付けしてラペにします。買い物や調理の時間がなければ、リーフをのせるだけのサラダにしても良いでしょう。

野菜の海苔和えとわかめご飯を添えて、海藻類のマグネシウムと糖質を補給。あさりのスープはビタミンBの摂取が目的で、疲労回復を狙います。あさりのスープが理想ですが、味噌汁で代用しても問題ありません。

1 サーモンの包み焼き
動物性タンパク質、
ビタミンD、食物繊維

2 わかめご飯
マグネシウム、
ミネラル、糖質

3 青菜のくるみ和え
植物性タンパク質、
ビタミン、ミネラル、食物繊維

4 野菜の海苔和え
マグネシウム、ビタミン、
食物繊維

5 人参のラペ
ビタミン、食物繊維

6 あさりのスープ
ミネラル、ビタミンB

まとめ

- ◯サーモンを包み焼きにすることで、魚の栄養を逃さず食べる
- ◯魚ときのこを一緒に食べることで、タンパク質の吸収効率を上げる

ポイント！

きのこと魚を一緒に食べるとGood

肉のタンパク質と同様、魚のタンパク質も、きのこのビタミンDと一緒に食べることで、吸収効率を上げることができます。

サーモンの包み焼きの詳しいレシピはP.153へ

エネルギー補給と疲労回復をする オイルサーディン丼

食欲がない時にシンプルな献立で、エネルギー補給と疲労回復の
両方を期待できるメニューを構成。
イワシのような小魚には、**成長期にとりたい栄養素が詰まっています。**

1 **もずくスープ**
ミネラル、食物繊維、ビタミン

2 **オイルサーディン丼**
動物性タンパク質、
クエン酸、植物繊維

骨ごと食べて豊富なカルシウムをとる

ほかの魚も栄養価は高いですが、中でもイワシは特に子どもに食べてほしい魚です。人間の腕よりも小さい魚は、タンパク質に加え、良質なミネラルが凝縮されており、体の成長に必要な栄養が多く含まれています。また、サイズが小さい魚は骨も小さくてやわらかいので、骨も含めて丸ごと食べれば豊富なカルシウムも一緒にとることができます。

生魚を買ってきて捌いて調理するのが一番ですが、手間をかけずに食べることを考えれば、オイルサーディンを買って、ご飯にかけるだけでもOK。味付けもオイルサーディンの味だけで十分ですが、ゴマをかけて風味をつけるとよりおいしく仕上がります。

オイルサーディンに加え、梅干しをちぎってまぶすと、さっぱりとした味わいになります。夏の暑い時期や、体調が優れずに食欲のない時におすすめです。梅干しには多くのクエン酸が含まれており、疲労回復の効果があります。

ちなみに、クエン酸はほかにもレモンやお酢などに含まれていますが、食物繊維がクエン酸のまわりにまとわりついていると、体がクエン酸を吸収するのに時間がかかります。梅干しも食物繊維が含まれているので、クエン酸の吸収にはやや時間が必要です。運動前に梅干しを食べれば、運動後に疲労回復効果が出始めます。

オイルサーディン丼でカルシウム、タンパク質、食物繊維、糖質、クエン酸などがとれるので、付け合わせのもずくスープでマグネシウムなどのミネラル類、ビタミンをとり、食物繊維ももう少しプラスします。

品目は多くありませんが、糖質、カルシウム、タンパク質、ミネラル、食物繊維、クエン酸など、豊富な栄養をとることができます。食欲が落ちる夏や、疲れた日の晩ご飯などにおすすめです。

まとめ

◯イワシは成長期の子どもが食べたい魚

◯骨ごと食べればカルシウムも豊富にとれる

◯オイルサーディンをかけるだけなので簡単にできる

オイルサーディン丼の詳しいレシピはP.154へ

アレンジ！

小魚を手軽に食べられる

小魚は意外と日常の献立の中に入れるのが難しい食材ですが、オイルサーディン丼ならご飯にのせるだけなので、手軽に食べられます。

O型、B型向けの 牛肉のポリフェノール煮込み

O型やB型向けの、牛肉を使った料理です。
動物性と植物性の両方のタンパク質の摂取と、
その吸収を考えた献立になっています。

3 **くるみとベビーリーフサラダ**
植物性タンパク質、ビタミン、
食物繊維、ミネラル

1 **玉ねぎスープ**
ビタミンB、
食物繊維

2 **マッシュかぼちゃ**
β-カロテン、ビタミンC、
食物繊維、植物性タンパク質

5 **アマランサスご飯**
亜鉛、マグネシウム、糖質

4 **牛肉のポリフェノール煮込み**
動物性タンパク質、ポリフェノール、
ビタミン、ミネラル

ブルーベリーは全血液型におすすめ

牛肉をブルーベリーで煮込んだレシピです。牛肉は食事タイプの得意／苦手がはっきり分かれることが多いので、この献立はＯ型かＢ型の人が食べることを想定しています。牛肉を鶏肉にすれば、Ａ型やAB型の人もOKです。

ポイントはブルーベリーです。ブルーベリー自体は全血液型におすすめの食材で、ポリフェノールやアントシアニンが抗酸化作用を持っています。疲労回復に効果があり、大人が食べれば骨粗しょう症の予防になるという研究もあります。また、ブルーベリーの紫色を作る色素には、肝臓の健康に役立つ栄養があると言われており、ブルーベリー以外にもブドウ、紫玉ねぎ、イチジクなど、濃い紫色の食材にも同じ効果があります。

このレシピで使うブルーベリーは、冷凍のものでOKです。果実が手に入らない人も、ブルーベリージャムとお酢を混ぜてソース代わりにできます。ジャムになると砂糖が入り、加工過程で熱も入るので果実と栄養素はかなり違いますが、ただ牛肉を食べるよりもはるかに吸収率が上がります。

マッシュかぼちゃにはきな粉が入っているので、植物性タンパク質を補給できます。体調や内臓の調子は日によって変化するので、タンパク質は一回の食事の中で動物性も植物性も両方とるのが理想です。

肉だけではタンパク質の分解が不安なので、玉ねぎスープを飲んでビタミンＢをとり、タンパク質の分解を助けます。ベビーリーフのサラダで食物繊維とミネラル類をとり、くるみをのせれば植物性タンパク質の補充にもなります。ご飯はアマランサスご飯で、米の糖質でエネルギーの確保と、マグネシウムを中心にミネラル類の摂取。Ｏ型やＢ型の成長期の子どもなら、この献立で十分な栄養をとれるでしょう。

牛肉のポリフェノール煮込みの詳しいレシピはP.154へ

まとめ

- ◯牛肉を使ったＯ型、Ｂ型向けの献立
- ◯ブルーベリーで煮込むことで栄養価アップ
- ◯タンパク質は動物性、植物性、どちらもそろえるのが理想

ポイント！

ブルーベリーは「スーパーフード」

ブルーベリーを苦手とする血液型はなく、栄養価も高いので、著者はほぼすべてのアスリートにブルーベリーをすすめています。

スポーツ選手が楽しむ
高タンパク低カロリーの焼肉

脂質の多い肉を避け赤身肉を選ぶ、肉の消化を助ける食材を選ぶ、
といった点を意識すれば、アスリートも焼肉を楽しむことができます。
パイナップルを添えて胃液の分泌を促進するのもポイントです。

1 **わかめスープ**
マグネシウム、亜鉛、食物繊維

2 **パイナップル**
クエン酸、ブロメライン、食物繊維

3 **三食ナムル**
ビタミン、食物繊維、ミネラル

4 **焼肉**
動物性タンパク質

5 **玉ねぎのソテー**
ビタミン、食物繊維

6 **アマランサスご飯**
亜鉛、マグネシウム、糖質

赤身肉を選びパイナップルも食べる

みんなが大好きな焼肉です。アスリートも「焼肉」と聞けば気分が上がる選手が多く、響きだけで楽しい食事になります。

まず、肉の種類を十分に注意しましょう。カルビ、ロースなど、白い色の脂肪の多い部位は避け、タン、ハラミなど、赤身が多い部位を選びます。A型の選手が焼肉を食べる場合は、鶏肉がおすすめ。

次に焼き方。魚と同様、焼きすぎると肉の中の栄養が壊れてしまいます。なるべく弱火でじっくりと焼き、焦げる前にとりあげます。味付けは焼肉のたれなどはかけず、何もつけないでそのまま食べるか、塩こしょうのシンプルなものにしましょう。

副菜では野菜を中心にそろえ、食物繊維とビタミンを確保します。特に玉ねぎは肉の分解を助けるためにも大事な野菜です。わかめスープとアマランサスご飯で、ミネラル類と糖質も補給します。

そして大事な食材がパイナップルで、選手にも焼肉の時の必須食品としてすすめています。パイナップルにはクエン酸が含まれており、疲労回復の効果もあるほか、胃液を促進するので消化を助けることができます。また、ブロメラインという消化酵素もあり、これも肉の分解を大きく助けます。口に入れた瞬間に、ビリビリとした感覚を引き起こすのがブロメラインです。

パイナップルは、できるだけ新鮮なものを選んで買ってください。スーパーで生で売っているものか、カットされた状態で売っているものです。缶詰のパインは、シロップに砂糖が使われているほか、製造過程で高温の殺菌処理が行われており、ブロメラインも殺菌されているため、新鮮なパイナップルと同じ効果はありません。生のフルーツを食べる方が、より大きい効果になるでしょう。

まとめ

- ◯脂質の多い白い部位は避け、赤身肉を選ぶ
- ◯副菜に野菜中心のメニューを選ぶ
- ◯パイナップルに含まれるブロメラインで肉の消化をサポート

焼肉の詳しいレシピはP.154へ

ポイント！

酢豚にパイナップルが入っている理由

パイナップルに含まれるブロメラインは、肉の消化を助ける働きがあります。酢豚にパインが入っているのも、肉の消化を助けるためです。

栄養と吸収のための食材を一度にとるアスリート牛丼

牛肉に含まれている**動物性タンパク質**をたっぷりと吸収する献立です。
肉の吸収率をあげるために、玉ねぎときのこもたっぷり使います。
付け合わせの枝豆も、子どもの成長期に欠かせない食材です。

1 **あおさの味噌汁**
マグネシウム、ミネラル、食物繊維

2 **アスリート牛丼**
動物性タンパク質、ビタミンB

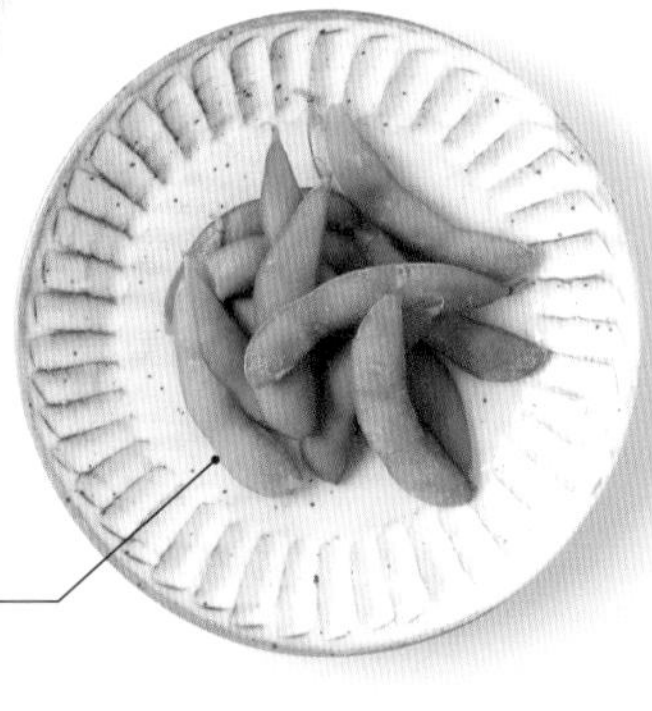

3 **枝豆**
植物性タンパク質、食物繊維
ビタミンB

付け合わせの枝豆も大事なポイント

たっぷりの牛肉と、同じくらいたっぷりの玉ねぎときのこを使って、牛丼を作ります。こちらも肉が得意な傾向にあるO型、B型向けのメニューです。焼肉と同様、ロースやカルビなどの脂質が多い部位は避け、ハラミなどの赤身が多い肉を使用して動物性タンパク質を補給します。脂が気になる時は、切って取り除くか、煮込んで溶かしましょう。

玉ねぎにはビタミンBが多く含まれており、肉と一緒に食べることで、肉の動物性タンパク質の吸収を助けてくれます。また、きのこに含まれているビタミンDはカルシウムの吸収をサポートするので、O型は肉からとれるカルシウムの吸収効率をあげることができます。A型の人が肉丼を食べる場合は、鶏肉に変えても良いでしょう。

ミネラル類がやや不足しているので、あおさの味噌汁でマグネシウムを確保します。わかめ、もずくなど、ほかの海藻類に代用しても問題ありません。牛丼の米をアマランサスご飯にすれば、糖質とマグネシウムの両方を一度にとることができます。

付け合わせの枝豆もポイントです。植物性タンパク質を多く含んでいるので、肉と枝豆で動物性と植物性の両方のタンパク質をとることができます。ビタミンB群も多く、玉ねぎと同様にタンパク質の吸収も促してくれるでしょう。

また、これは枝豆に限らず豆類全般の話ですが、イソフラボンという成分も多く含まれています。イソフラボンには抗癌作用や抗酸化作用があり、骨の健康を維持するのに役立つ栄養です。子どもが食べれば、身長を伸ばしたり、骨折を予防したりする効果が期待でき、大人なら骨粗しょう症の予防にも役立ちます。小腹が空いた時のおやつに枝豆を食べても良いでしょう。

まとめ

- ◯肉、玉ねぎ、きのこを同時に食べてタンパク質と吸収効率を確保
- ◯海藻スープでミネラル類をとる
- ◯枝豆は骨の健康を助ける食材

アスリート牛丼の詳しいレシピはP.154へ ◀

アレンジ！

骨の成長を助ける枝豆

枝豆は特に子どもに食べさせたい食材のひとつ。コンビニに売っている出来合いのものや、冷凍のものでもかまいません。

動物性、植物性のタンパク質を補給するポークビーンズ

学校給食でも人気のメニュー、ポークビーンズ。
豆と肉で、**動物性と植物性の両方のタンパク質**を豊富に摂取します。
全体的に熱が入ったメニューなので、内臓の負担も軽くなります。

豆類全般は日本人に合いやすい傾向がある

豚肉と豆を一緒に煮るメニューです。豚肉の動物性タンパク質と、豆の植物性タンパク質を同時に補給できます。

豆類は植物性タンパク質が豊富で、大豆、黒豆、小豆などを一年中食べられるほか、春にはそら豆など旬のものもあります。また、豆類を使った食材や調味料は、豆腐、納豆、醤油、黒豆など、昔から日本に伝わるものも多く、血液タイプに関わらず日本人に合いやすい傾向があります。タンパク質のほか、食物繊維、ビタミンB群も豊富で、腎機能のサポートや疲労回復効果も見込めるため、積極的に食べてほしい食材のひとつです。ここではミックスビーンズを使用していますが、季節の豆に変えたりしてももちろんOKです。

豆でたっぷりの植物性タンパク質を確保し、豚肉で動物性タンパク質も補給。O型、B型向けに豚肉を使用していますが、鶏肉に代用すればA型でも食べることができるため、複数の血液型の人がいる家族でも、一皿を共有することができます。塩や醤油などのシンプルな味付けにして、豆本来の甘さを引出しましょう。

ポークビーンズで動物性と植物性のタンパク質の両方をたっぷり確保したので、玉ねぎの味噌汁で分解を助けます。

ミネラル類がやや不足気味なので、アマランサスご飯とひじきとかぼちゃのズッキーニで、亜鉛、マグネシウム、鉄分などを補給し、栄養の巡りを促進します。

焼き野菜はビタミンCと食物繊維の補給が目的です。ここでは野菜を焼いていることがポイント。野菜は茹でると栄養が水に溶けてしまいます。特にビタミンCは流れやすい野菜です。かといって、生野菜では胃にやや負担がかかります。そこで、栄養が壊れない程度の弱火で焼くことで、栄養も確保しつつ、胃に優しいサラダに仕上げることができます。

熱が入ったレシピを中心に構成しているので、胃にあまり負担がかからず、疲労回復のサポートができるメニューです。疲れている時や疲労している時に食べると良いでしょう。

1 **玉ねぎの味噌汁**

ビタミンB、
食物繊維

2 **ポークビーンズ**

動物性タンパク質、
植物性タンパク質、
食物繊維、
ビタミンB

3 **ひじきとかぼちゃとズッキーニのマリネ**

鉄分、亜鉛、ビタミン、ミネラル

4 **焼き野菜とリーフのサラダ**

ビタミン、食物繊維、
ミネラル

5 **アマランサスご飯**

亜鉛、マグネシウム、糖質

まとめ

◯豆類と豚肉で動物性、植物性の両方のタンパク質を確保

◯他のメニューも熱を入れて調理し、胃の負担を軽くする

ポークビーンズの詳しいレシピはP.155へ

ポイント！

れんこんはスポーツ選手向きの野菜

れんこんはおすすめの野菜です。肺を広げる効果があり、心肺機能の強化にも一役買うので、スポーツ選手向けの野菜とも言えるでしょう。

旬の野菜を使い
季節を問わずに食べる塩おでん

鶏の手羽元や、栄養が凝縮された野菜をたっぷりと使い、
塩味でさっぱりと仕上げた**アスリート用の塩おでん**です。
季節を問わず、1年間を通じておでんを楽しむことができます。

色が濃く旬の野菜は栄養価が高い

塩味で食べるおでんです。おでんは冬に食べるイメージが強いですが、塩でさっぱり仕上げることで年中食べられる料理になります。

ポイントは鶏の手羽元。手羽元を煮込むことで、骨に含まれている「髄液」を染み込ませることができます。髄液には血液を作る成分が含まれているため、栄養を体に行き渡らせるためにも必要な食材です。

通常のおでんには、野菜はあまり入っていませんが、塩おでんには野菜を入れ、多くの栄養素をとれるようにします。選ぶ基準は、まず植物性タンパク質。厚揚げ、豆などで、植物性タンパク質を確保します。手羽元を海鮮に変えて、魚やイカなどを入れても大丈夫です。

それと、色が濃く旬の野菜であること。緑、赤、黄色紫など、いわゆる「緑黄色野菜」は、野菜の色を作る成分に栄養が多く含まれています。ここでは芽キャベツ、ビーツ、サツマイモ、きのこを入れています。冬ならほうれん草などを追加しても良いでしょう。旬の季節ではない野菜は、栄養の含有率が低くなり、味も旬の時期に比べると落ちてしまいます。もちろん野菜を何も食べないよりはるかに良いですが、野菜を選ぶならなるべく旬のものを選んだ方が、より食事の効果が高まります。

また、小さい野菜も栄養価が高い食材です。ここでは芽キャベツを使っています。キャベツの栄養素が小さい中に凝縮されており、一口でとれる栄養が多いため、体に効率よく栄養が入ってきます。ミニトマトやベビーリーフなども同様です。

ミネラル類がやや不足しているので、アマランサスご飯で糖質とともに補給。昆布を加えてもOKです。これでアスリートに必要な栄養素を満遍なく補給することができます。

まとめ

- ◯おでんを塩味で仕上げてさっぱり食べる
- ◯手羽元の髄液の栄養が血液を作る
- ◯色の濃い旬の野菜で高い栄養価の食材を確保する

アレンジ！

動植物のタンパク質をそろえて具をアレンジ

おでんの具は自由にアレンジしてOK。動植物の両方のタンパク質と、色の濃い旬の野菜をそろえることを意識しましょう。

塩おでんの詳しいレシピはP.155へ◀

好きなおかずをのせて
アレンジを楽しむお稲荷さん

お稲荷さんの上に好きなおかずをのせて、
具材のアレンジを楽しむメニューです。
おにぎりが苦手な子どもも、お稲荷さんなら食べられることがあります。

糖質に偏りがちな栄養をおかずで整える

　お稲荷さんの上に、本書に掲載しているレシピをのせるメニューです。写真で載せているのは、左からカレー（P.68）、エビチリ（P.80）、高野豆腐。いずれもタンパク質が中心となっているメニューです。これ以外にも、牛丼（P.100）や鯖缶サラダ（P.82）の残りをのせるなどして、ご飯の残りを有効活用できる点も嬉しいレシピです。一般的なお稲荷さんは油揚げとご飯だけで、栄養が糖質に偏りがちですが、お稲荷さんの上におかずをのせることでバランスの良いメニューにアレンジすることができます。好きなおかずをのせることで、子どもも食事が楽しくなるでしょう。

　調理は、ご飯を包む油揚げに味をつけていきます。油揚げは文字通り豆腐を油で揚げているものなので、熱湯をかけて「油抜き」をして脂質を抜きます。それから醤油、てん菜糖、出汁で煮込み、味をつけます。てん菜糖で甘くするのは、カレーや牛丼の肉など、さまざまな味の具に合いやすくするためです。この味はご家庭によってアレンジしてかまいません。

　ご飯はアマランサスご飯を使い、糖質とマグネシウム、亜鉛などのミネラル類を確保。タンパク質、ビタミン、食物繊維などを、お稲荷さんの上にのせるおかずで補給します。

　お稲荷さんの上にのるのは、肉や海鮮など、ご飯に合わせるものが多くなるはず。その場合、食物繊維やビタミンが不足しがちになるので、スープやサラダで補うようにします。ここではあさりのスープを用意して、ミネラルとビタミンBをとれるようにしました。それでもまだ野菜が足りない時には、ご飯を炊き込みご飯にしたり、スプラウトなどの野菜を盛ったり、ぬか漬けを刻んでのせてもOKです。おにぎりを食べるのが苦手な子どもも、御稲荷さんなら食べてくれることも多いです。

まとめ

- ◯本書のおかずをお稲荷さんの上にのせる
- ◯油揚げに味をつけておかずと合わせやすくする
- ◯食物繊維とビタミンをスープで補給

アレンジ！

お稲荷さんの上にのせるおかずはアレンジ自由

血液型や味の好み、不足している栄養素などによって、自由にアレンジしてOKです。おかずを選べるようにすれば食事も楽しくなります。

お稲荷さんの詳しいレシピはP.155へ ◀

麺類がほしい時に食べる
米粉でできたフォー

小麦を多く使うラーメンやパスタなどの麺類は、
スポーツ選手は避けた方が良い食事。
それでも麺類を食べたい時は、**米粉を使った「フォー」**を食べます。

1 **豆サラダ**
植物性タンパク質、ビタミン、食物繊維、ミネラル

2 **フォー**
動物性タンパク質、クエン酸、ビタミンC

小麦の主食は日本人に合わない傾向が強い

ラーメンやうどん、パスタなどの麺類は、基本的に原材料が小麦で、血液型に関わらず日本人には合わない傾向があります。小麦は多くを外国からの輸入に頼っており、日本人の体にはなかなか合わず、腸管を傷つけたり消化に大きな負担がかかったりします。外国人のスポーツ選手の中にはパスタを食べることが習慣になっている選手もいますが、生活習慣の違いもあり、あまり参考になりません。

とはいえ、麺類を食べたいスポーツ選手は多くいます。そこで、米粉を使ったフォーの出番です。米粉なら日本人になじみが深く、多くの血液タイプの人が負担なく食べることができます。糖質の確保もでき、エネルギーを充分に確保できます。

麺の中に入れる具は鶏の胸肉で、動物性タンパク質を補給します。P.62で紹介した鶏ハムと同じ調理法なので、プレートを作る時に多めに鶏肉を保存しておけば、そのままフォーにも使うことができます。O型やB型なら、赤身の多い牛肉や豚肉に変えても問題ありません。

レモンとパクチーをのせて、ビタミンC、クエン酸もとります。さっぱりとした風味になるので、疲れた時や食欲がない時にも食べられるでしょう。パクチーやレモンが苦手な場合は、出汁と醤油などでうどん風味にしてもおいしく仕上がります。

ここではサラダも添えて、食物繊維を補給します。ミックスビーンズも入れれば、植物性タンパク質も確保できます。サラダに人参ドレッシングをかけて、ビタミンをとれば、栄養を幅広くカバーできます。

フォーでは物足りず、どうしてもラーメンやパスタなどを食べたい場合は、農薬をあまり使っていない国産の小麦で作られたものか、米粉でできたビーフンでもOKです。

まとめ

◯小麦は日本人の体に合わないことが多い

◯米粉で作られたフォーで麺食を楽しむ

◯ミックスビーンズや厚揚げで植物性タンパク質も補給する

アレンジ！

厚揚げを入れて植物性タンパク質を補給

フォーの中に厚揚げを入れて、植物性タンパク質を確保する方法もあります。鶏ハムを作る余裕がなければ、厚揚げを入れると良いでしょう。

フォーの詳しいレシピはP.156へ

米粉を使い具を血液タイプ別にアレンジするお好み焼き

お好み焼きやたこ焼きなどは「粉物」と呼ばれ、
小麦、卵などが多く含まれているため、
スポーツ選手にはあまり向かない食事です。
しかし**米粉**を使えば、スポーツ選手でも「粉物」を食べることができます。

1 **もずくスープ**
ミネラル、食物繊維

2 **米粉お好み焼き**
糖質、動物性タンパク質、ビタミン

具の自由度が高くアレンジしやすい

麺類と同様に、お好み焼きやたこ焼きなどの、いわゆる「粉物」を食べたいアスリートも多いです。しかし小麦はあまり食べたくないので、ここでも米粉の出番です。米粉で作るお好み焼きなら、味も食感もほとんど同じお好み焼きを作ることができます。

ただ、通常のお好み焼きとはタネの作り方をやや変えます。卵ではなく山芋をすってつなぎがわりにし、鰹節は焼き上げた後ではなくタネの段階で入れます。鰹節に多く含まれているアミノ酸は、スポーツ選手がとっておきたい栄養素です。また、豆乳を入れればなめらかなタネになり、植物性タンパク質とイソフラボンもとることができます。

米粉お好み焼きの良いところは、具材の自由度が高く、血液タイプに合わせてアレンジできるところです。写真では豚肉を使っていますが、A型の人は鶏肉にアレンジできますし、O型やB型は牛肉で作ってもOK。イカやエビを使って海鮮お好み焼きに仕上げるのも良いでしょう。ただし、天かすは脂質が高い揚げ物なので使いません。

油断しがちなのが、お好み焼きにかけるソースとマヨネーズ。写真ではオーガニックソースを小皿によそっています。市販のオーガニックソースなら添加物が少ないので、極端に多い量をかけたりしなければ問題ないでしょう。市販のソースやマヨネーズを使う場合は、なるべく少なめにかけると良いでしょう。醤油やゴマ油をかけて、チヂミ風の味付けにしてもおいしくなります。

副菜にもずくスープを用意し、ミネラルと食物繊維をとります。豆腐の味噌汁にして植物性タンパク質を補給したり、サラダにしてビタミンをとったりしても良いでしょう。血液タイプに合わせて選んでください。

まとめ

◯米粉を使って
お好み焼きを作る

◯血液タイプに合わせて
具をアレンジできる

◯ソースはオーガニック
ソースを使い、
マヨネーズはかけない

米粉お好み焼きの詳しいレシピはP.156へ

ポイント！

**米粉ならアスリートでも
粉物料理を食べられる**

小麦と違い、米粉は日本人に合いやすいので、粉物料理を楽しみつつ、炭水化物のエネルギーを確保することができます。

ひと工夫したつゆに
野菜を添えて食べる十割蕎麦

蕎麦は幅広い栄養価を含有しており、
スポーツ選手にはぜひ食べてもらいたい食材です
蕎麦の原材料は穀物なので、**特にA型と相性が良い傾向があります。**

蕎麦粉100%の「十割蕎麦」を使う

蕎麦は特にA型におすすめしたい食材です。蕎麦の実は穀物なので、A型と相性が良い傾向にあるためです。一方で、蕎麦はアレルギーが出やすく、特にB型の子どもがアレルギー反応を出さないか注意してください。

蕎麦には植物性タンパク質、ミネラル、アミノ酸の含有量が多く、アスリート向きの食材といえます。また、ビタミンB群、ルチンなどの抗酸化作用が期待できる栄養素や、食物繊維も豊富で、総合的に栄養価が高い食材です。

蕎麦は市販のもので問題ありませんが、注意したいのは蕎麦の成分表です。市販の蕎麦の中には、すべて蕎麦粉で精製している「十割蕎麦」と、小麦を混ぜて作られているものがあります。スーパーなどで流通している蕎麦の多くは小麦が混ざっているものです。小麦を多くとることは日本人に向かない傾向があるため、なるべく十割蕎麦を選んでください。ただし、「必ず十割蕎麦でなければならない」というわけではないので、どうしても見つからなければ小麦が混ざった蕎麦でもかまいません。

蕎麦だけでも十分な栄養をとれますが、肉や野菜を添えるとさらにバランスの良い食事になります。ここでは鶏の胸肉、小松菜、ネギ、もやし、海苔を添えて、動物性タンパク質、食物繊維、ビタミン、ミネラルを補給。野菜は色の濃い旬の葉のものを中心に選びます。鶏肉は、O型やB型の人なら、牛肉や豚肉に変えても問題ありません。

蕎麦つゆは市販のものではなく、鰹醤油を作ります。ティーパックに鰹節を入れて煮立てて出汁を出して、醤油とてん菜糖で味を整えて完成です。手軽に使うなら、容器に鰹節を入れて醤油で漬けるだけでもOKです。鰹節に含まれるアミノ酸を補給できるので、通常のめんつゆよりも疲労回復効果が期待できます。

まとめ

◯蕎麦はA型向けのアスリート食品

◯蕎麦粉100%の十割蕎麦を買う

◯野菜や鶏肉も添え、蕎麦つゆはカツオ醤油を作る

十割蕎麦の詳しいレシピはP.156へ

アレンジ！

成分表を見て十割蕎麦を買う

十割蕎麦は、成分表を見て、小麦が入っているかどうかを確認してください。商品名で「十割蕎麦」と表記しているものもあります。

いろいろな色の野菜を食べることで幅広い栄養をとるアクアパッツァ

「アクアパッツァ」は、もともとはイタリアの家庭料理です。
魚貝類だけでなく、栄養価が豊富な**「レインボーフード」**をたくさん入れて、
幅広く栄養をカバーすることができます。

1 **レインボーアクアパッツァ**
動物性タンパク質、
植物性タンパク質、ビタミン、
ミネラル、食物繊維

2 **アマランサスご飯**
亜鉛、マグネシウム、糖質

色ごとに含まれる栄養素が違う「レインボーフード」

アクアパッツァは、「水煮」という意味のイタリアの家庭料理です。本場のアクアパッツァは、魚介類を中心に煮込んで作ります。

今回のアクアパッツァは、魚介類に加え、「レインボーフード」と呼ばれる色鮮やかな野菜を入れるふんだんに入れて、見た目を彩り栄養も幅広く補給します。

レインボーフードには、抗酸化要素の強い「ファイトケミカル」という栄養が豊富な食材です。抗酸化作用が期待でき、美容や健康に効率よく作用してくれるので、子どもにも保護者にもおすすめです。

トマトや赤ピーマンなど、赤い野菜ならリコピンが豊富です。血管を丈夫にしたり、善玉コレステロールを増やしたりする働きがあります。パイナップル、生姜、バナナ、レモン、パプリカなどの黄色い野菜は、フラボノイドが豊富で、抗酸化作用、免疫力強化などの効果があります。ほかにもほうれん草や小松菜などの緑色の野菜や、玉ねぎや白菜などの白の野菜、ナスやビーツなどの紫の野菜もあります。

このように、レインボーフードはそれぞれの色によって含まれている栄養素が違うため、多くの色の野菜を満遍なく食べることで、体に必要な栄養を幅広く取り入れることができます。その際、なるべく旬の野菜を選ぶようにすると、より栄養価が高くなるでしょう。

野菜だけではタンパク質が不足しがちなので、白身魚とアサリもアクアパッツァの中に入れて動物性タンパク質を補給。タンパク質の分解に必要な玉ねぎも入れています。

体全体に栄養を行き渡らせるために、米はアマランサスご飯にして、亜鉛、マグネシウムなどのミネラル類もとり入れます。米の糖質はエネルギーになるので、運動前に食べるのも良いでしょう。

レインボーアクアパッツァの詳しいレシピはP.156へ

まとめ

- ◯レインボーフードは色によって栄養が違う
- ◯さまざまな色の野菜を入れて多くの栄養をカバー
- ◯魚で動物性タンパク質、アマランサスご飯でミネラルを確保する

アレンジ！

レインボーフードによる見た目の効果

レインボーフードは、栄養以外にも、料理の見た目を色鮮やかに仕上げることができるので、子どもの食欲も掻き立てることができます。

鉄分が豊富な
高野豆腐を入れたラタトゥイユ

鎌倉時代の精進料理が発祥と言われる**高野豆腐**を、
フランスの家庭ではおなじみの「ラタトゥイユ」に入れ、
鉄分、ビタミン、**タンパク質**など、幅広い栄養をとります。

鉄分とビタミンを中心に構成したメニュー

ラタトゥイユはフランスの煮込み料理で、「かき混ぜて煮る」という意味を持ちます。名前の通り、現地ではたくさんの野菜や肉をひとつの鍋で煮込みます。

今回のレシピでも、野菜をたくさん食べたいので、多くの野菜を小さく刻んで煮ています。その中でもポイントは、高野豆腐を入れていることです。

高野豆腐には、納豆の３倍以上の植物性タンパク質、カルシウム、マグネシウム、鉄、リン、亜鉛などのミネラル類が、通常の豆腐よりも非常に多く含まれています。それは、豆腐から高野豆腐に製造する過程で、豆腐の栄養が凝縮されていくからです。

豆腐を一度凍らせた後に解凍し、脱水して、高野豆腐になります。脱水時には日光に当てて乾燥させるので、ここで栄養価がグンと高くなり、植物性タンパク質やミネラル類が凝縮され、高タンパク低カロリーな食材になります。特にやる気や元気がない子どもに食べてもらいたい料理です（→P.128）。

ラタトゥイユを鉄分豊富に仕上げているので、副菜はミネラル類とビタミンを中心にとり、バランスを整えます。

切り干し大根とひじきの煮物は、カルシウムとミネラル類、玉ねぎスープのビタミンBで高野豆腐の植物性タンパク質の吸収を助け、鉄分を血に変えるサポートも行います。

米はターメリックライスを用意し、健胃作用のあるウコンを補給して胃の負担を軽くします。ターメリックの黄色と、ラタトゥイユの赤色は、食欲を促進させる色の組み合わせになっています。

ラタトゥイユは、基本的に具材を細かく刻んで煮るだけなので、調理はとてもかんたんです。また、野菜の組み合わせも自由に変えてOKです。通常はトマトを使うことが多く、この写真でも使っています。トマトはリコピンが豊富なレインボーフードで、抗酸化作用が期待できます。その他はパプリカ、玉ねぎ、ズッキーニを刻んで入れ、ビタミン類を確保しました。

まとめ

○ラタトゥイユに
高野豆腐を入れる

○高野豆腐には
鉄分などのミネラル類や
タンパク質が多く
含まれている

○副菜でビタミンをとり
血液を作る

ポイント！

和でも洋でも活躍する高野豆腐

高野豆腐は鎌倉時代の精進料理が始まりだと言われています。和食でも洋食でも合わせやすく、常に持っておきたい食材です。

高野豆腐ラタトゥイユの詳しいレシピはP.156へ

陰陽の重ね煮で うまみを引き出すミートベジ

豚肉、野菜、きのこを弱火でじっくりと蒸し煮にすることで、栄養を食材の中から逃さずに食べる「ミートベジ」です。蒸し煮にする時は、**食材の「陰陽」を意識します。**

陰陽の重ね方を意識して、弱火で蒸し煮する

深めのフライパンに、豚肉、野菜、きのこを重ねて煮るだけのシンプルなメニューです。動物性タンパク質、ビタミンを補給し、副菜で足りない栄養素をとっていきます。

ミートベジのポイントは、蒸し煮の時の重ね方です。鶏汁（→P.64）と同じように、食材の陰陽を意識した重ね方にします。ここではきのこが一番下で、葉もの野菜（写真では白菜）が真ん中、肉が一番上です。陰陽の重ね方は、他の蒸し煮料理でも応用できるので、覚えておきたい調理法です。

重ねた後は、野菜から水分が滲み出てくるので、火にかけて蓋をして待つだけで蒸し煮になります。弱火でじっくりと蒸すことで、肉や野菜の栄養が壊れることを防ぎ、栄養を食材の中に閉じ込めます。身の薄い肉は火のまわりが早く、長く加熱しすぎると栄養が壊れてしまうので、湯気が立ってきたら中を確認して火を止めましょう。

ここでは豚のロースを使っていますが、豚肉の脂質が気になる人は、鶏の胸肉やせせりに変えてもOKです。O型やB型なら、牛肉にしても良いでしょう。肉を分解するために玉ねぎを追加するのも効果的なアレンジです。

ミネラルとビタミンがやや不足気味になるので、副菜で補っていきます。米はアマランサスご飯を用意し、亜鉛やマグネシウムなどのミネラル類を補給。ひじきれんこんもミネラル類全般を補給することができます。ひじきはマグネシウム、れんこんはビタミンCやカリウムが豊富な食材です。

味噌汁には小松菜と油揚げを入れて、食物繊維、ビタミン、植物性タンパク質を摂取。肉が動物性タンパク質のため、大豆で作られた油揚げと味噌から植物性タンパク質をとることができます。油揚げは、脂質が気になるようなら、熱湯をかけて油抜きをしてください。

全体的に栄養バランスがとれているので、タイミングを問わずにいつでも食べられる献立です。味付けもシンプルなので、さっぱりとしつつも、肉を食べる満足感もあり、子どもにも大人にも人気の献立です。

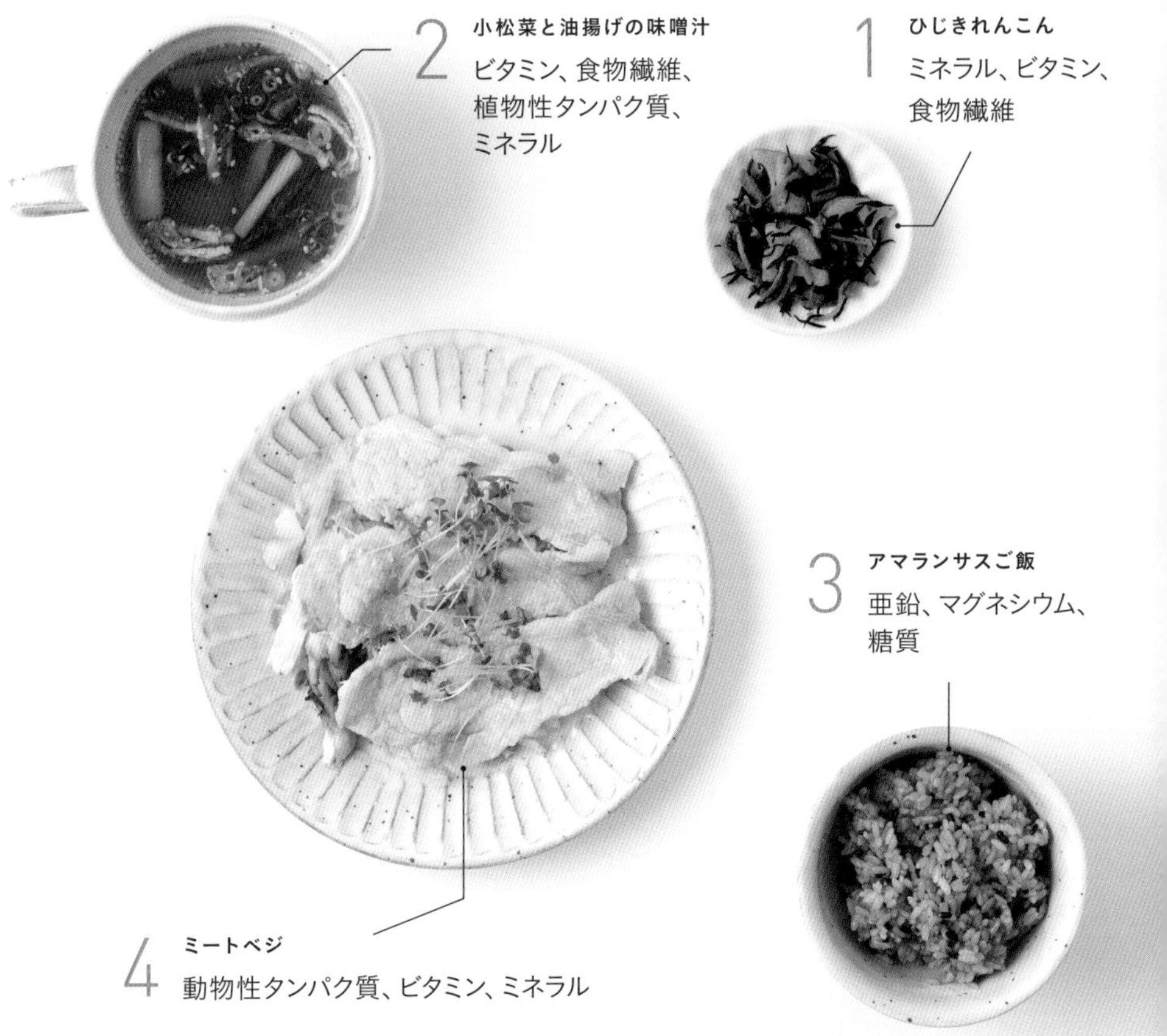

まとめ

- ◯陰陽を意識して肉、野菜、きのこを重ね煮
- ◯弱火でじっくり蒸し煮することで栄養を食材の中に閉じ込める
- ◯肉は最陽と考え一番上にのせる

ミートベジの詳しいレシピはP.157へ

ポイント！

肉は「最陽」の食材

食材が成長する方向によって「陰陽」があることは、P.64で説明しました。中でも肉は「最陽」と考え、重ねる時は一番上にのせます。

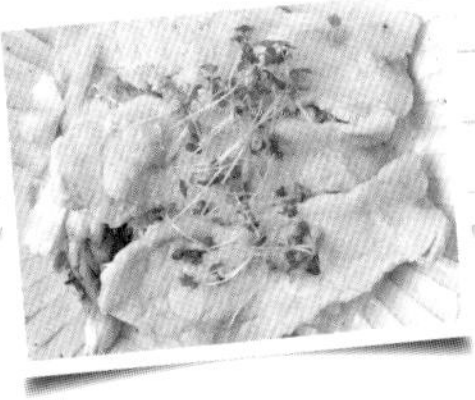

魚が生でも食べられる 豆乳鍋

いろいろな具材をひとつにまとめられる鍋は、
具材の組み合わせも自由に決められるので、とても便利な献立です。
今回は、成分無調整の豆乳を使った、**より栄養価の高い豆乳鍋**です。

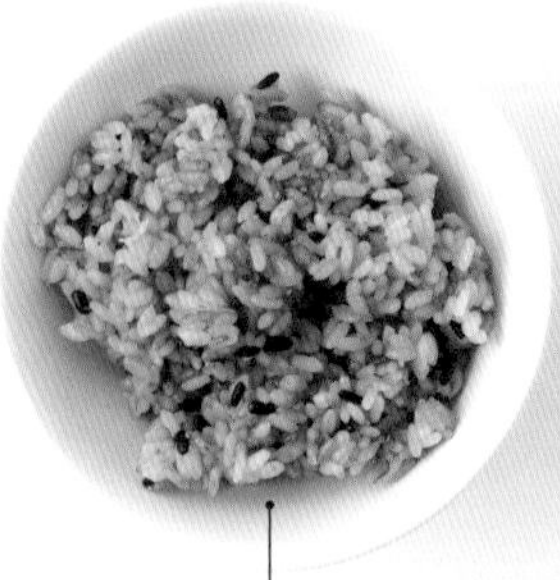

1 **切り干し大根の炒めもの**
鉄分、カルシウム、
食物繊維

2 **アマランサスご飯**
亜鉛、マグネシウム、糖質

3 **豆乳鍋**
動物性タンパク質、
植物性タンパク質、ビタミン、
食物繊維、ミネラル

刺身用の魚と成分無調整豆乳を使う

たくさんの食材を豆乳で煮込む鍋です。動物性タンパク質、ビタミン、ミネラル類など、さまざまな栄養をとれる食材を一度に煮込みます。

調理のポイントは、刺身用のサーモンを使うこと。骨もなく匂いもしないため、子どもでも食べやすくなっています。また、鮮度が高く生でも食べられるため、完全に火が通っていなくても食べることができます。火が通りすぎると栄養が壊れてしまうので、多少早めに鍋から出してしまった方が、栄養を逃さずにとることができます。

魚以外の具は、きのこ、豆腐、れんこん、色の濃い旬の葉の野菜などを入れて、栄養バランスを整えます。

スーパーで売っているような「豆乳鍋の素」は使わず、成分無調整の豆乳を使います。「豆乳鍋の素」には、加工品や調味料が多く含まれているためです。昆布や野菜で出汁をとり、豆乳を入れて、塩で味を整えましょう。

成分無調整豆乳なら栄養価が高く、特に植物性タンパク質は高い含有量です。子どもなら200mlほど飲めば、1日に必要なタンパク質を補給できます。抗酸化作用や美肌効果のあるイソフラボンという栄養も含まれているため、保護者にとっても嬉しい献立です。鍋の具と一緒に汁も飲めると理想的でしょう。

同じ味の鍋の具材を食べると口が飽きてしまうので、箸休めのような役割で切り干し大根もおきます。鍋だけでは不足しがちなカルシウム、ミネラル類を補給することができます。米はアマランサスご飯で、マグネシウム、亜鉛、糖質をとります。

魚と野菜をメインに鍋の具を構成しており、B型以外の血液型に向いた献立です。O型の人なら、牛肉や鶏肉に変えても良いでしょう。具材は自由にアレンジしてかまいません。

まとめ

- ◯刺身用の魚を使い栄養を逃さない
- ◯植物性タンパク質が豊富な成分無調整豆乳を使う
- ◯B型は豆乳が合わない傾向があるので注意

豆乳鍋の詳しいレシピはP.157へ

アレンジ！

B型は豆乳に注意

豆乳はB型がやや合いにくい傾向があり、うまく消化・吸収ができない場合があります。食べた後の自分の体調をよく観察しましょう。

食事タイプ別レシピ実用例

2章では計30個の献立を紹介しましたが、実際の食事に取り入れようとした時に、どの献立を選ぶべきか通う方もいるはず。そこで、本書のレシピの活用法をご紹介します。

試合日を基準に逆算する

試合前を想定した「ズボラ鶏ハム」(上、→P.62)と「鶏汁」(下、→P.64)。試合前は、食材に熱を通した献立を選ぶと、体調を崩すリスクを減らすことができます。

食事の献立を考える際は、試合の日を基準にします。P.60のように、目標を立てた大会や試合の日にしても良いでしょう。

基準を設けたら、その日から逆算して考えていきます。試合当日に万全の状態を作るためには、試合前に刺身や生野菜を避け、お腹を壊すリスクを限りなく低くします。生の野菜や魚は栄養価が高い食材ですが、消化・吸収のためにやや負荷がかかる傾向もあるため、試合前は避けた方が良いでしょう。

かわりに、「ズボラ鶏ハム」(→P.62)や「鶏汁」(→P.64)などは、試合前に食べることを想定した献立です。食材に火が通ったメニューを食べることで、十分な栄養を確保して、試合に臨みます。

週半ばはエネルギー補給を重点的に

週末に試合があると仮定すると、試合まで３日以上ある週半ばの平日は、エネルギー補充を重点的に行います。献立を選ぶ際の自由度がもっとも高いのはこの時期です。

エネルギーとなるのは、炭水化物に含まれる糖質がメイン。米をとるメニューや丼ものを中心に選びます。刺身や生野菜もこの期間は積極的にとりたいところです。「アスリート牛丼」(→P.100)、「オイルサーディン丼」(→P.94)、じゃこ大根葉丼(→P.90)などは、栄養素もエネルギーもまんべんなくとれる献立でしょう。サッカー、陸上、水泳など、特にエネルギー消費が激しい競技は、全体的な量を増やしてもかまいません。

週半ばは、オイルサーディン丼(上、→P.94)、アスリート牛丼(下、→P.100)など、米を食べるメニューでエネルギーを補給します。

試合後は胃の負担を軽くする献立に

試合直後と翌日は、体と同じように内臓も疲労して胃の消化機能が落ちているので、なるべく胃に負担がかからない献立を選択します。刺身や生野菜を避け、熱が通っている献立で、かつ脂質は少なめのものが良いでしょう。「サーモンの包み焼き」(→ P.92)、「あさりの蒸し煮とわかめご飯」(→ P.86)などが良いでしょう。

「あさりの蒸し煮とわかめご飯」(→P.86)は、ビタミンＢやミネラルが多く、疲労回復の効果も見込めます。

A型の１週間の献立の例

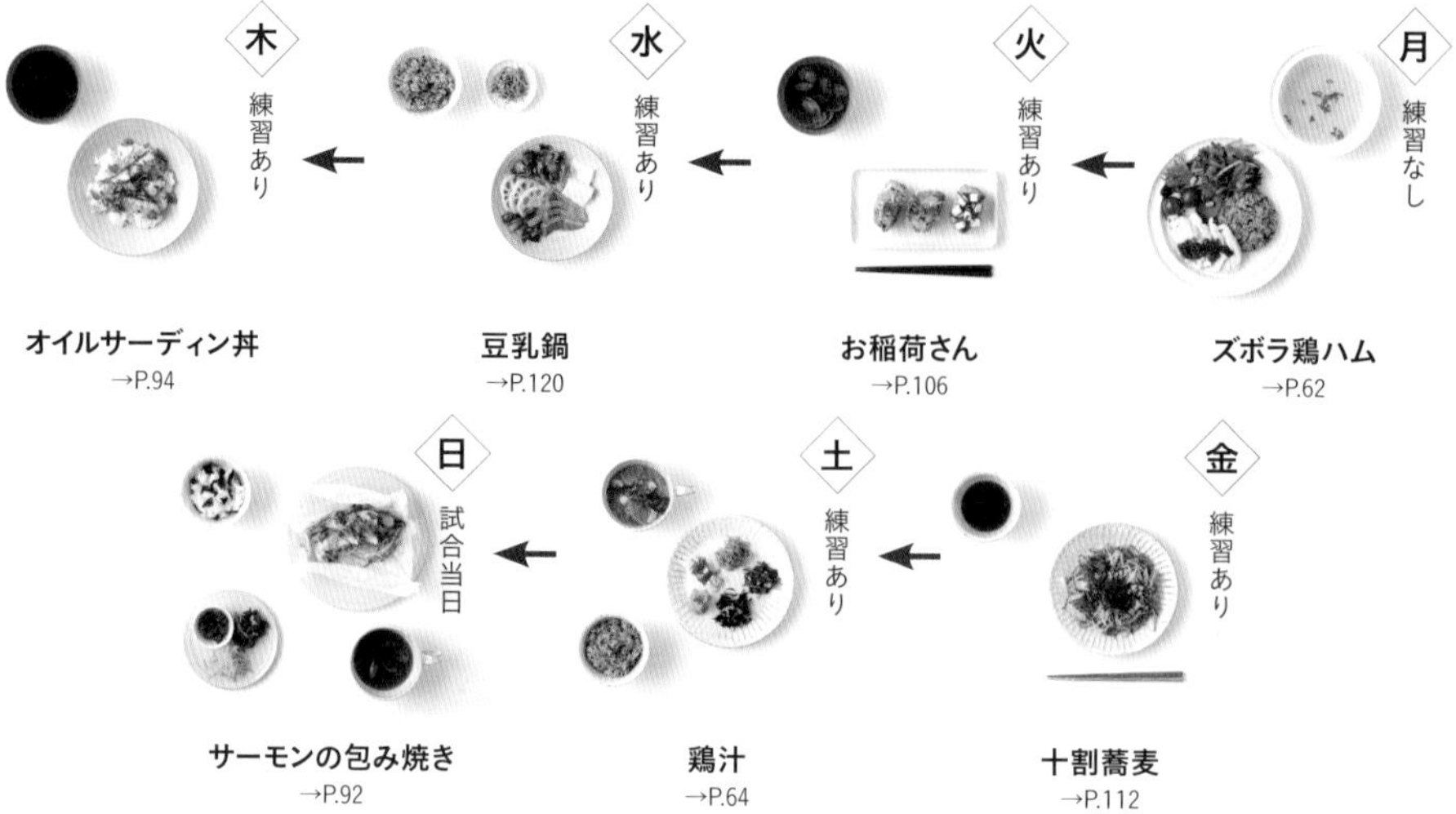

A型は肉の動物性タンパク質が苦手な傾向にあるので、魚を多く使う献立で構成。もし肉を食べるなら、火〜木曜日の間がおすすめです。日曜日は試合後の食事を想定しているので、疲労回復に効果的な献立が向いています。

B型の１週間の献立の例

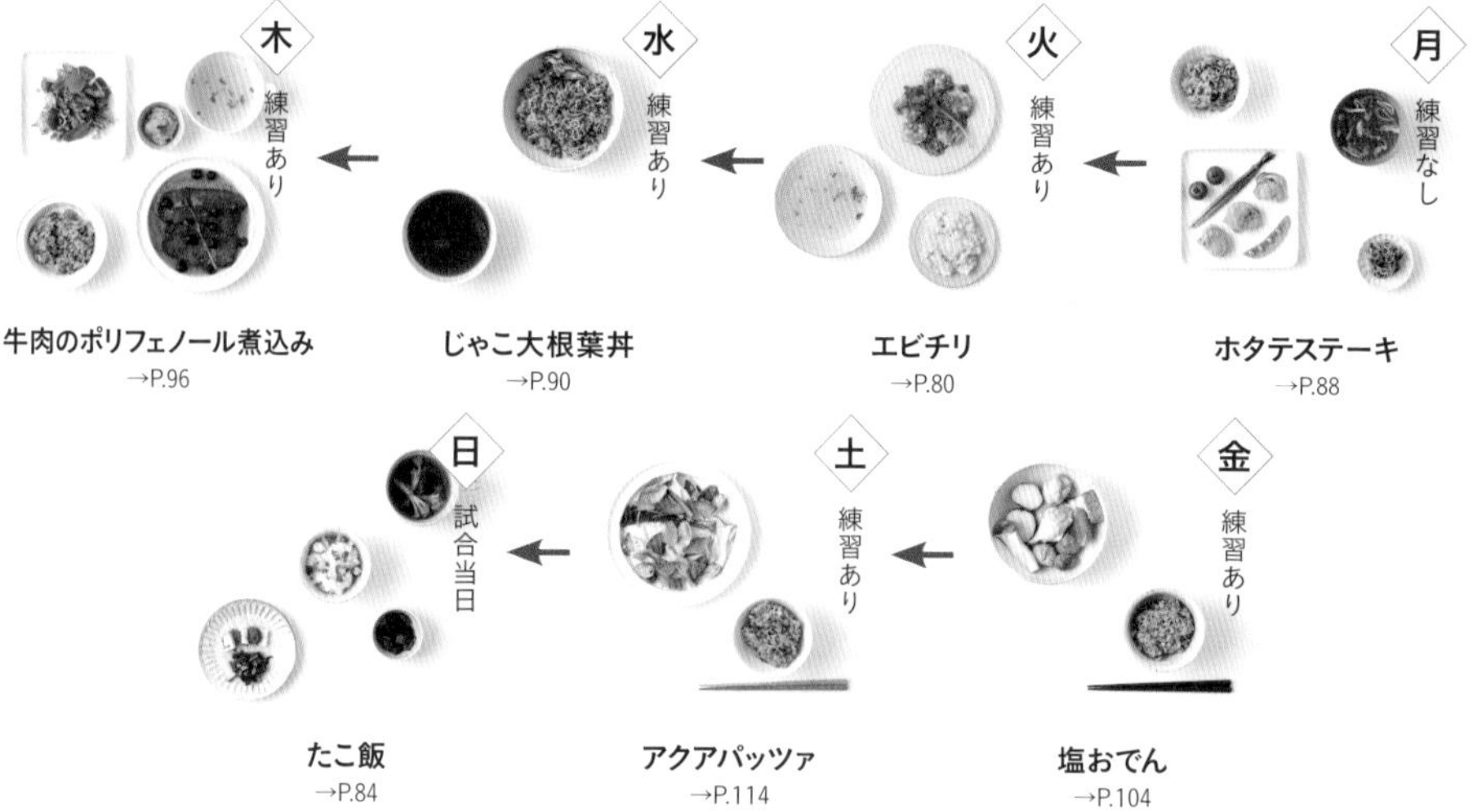

B型は肉を食べることができるので、木曜日に「牛肉のポリフェノール煮込み(P.96)」を入れるなど、肉から動物性タンパク質を入れるメニューを中心に構成。試合前はアクアパッツアで幅広い栄養を確保します。

O型の1週間の献立の例

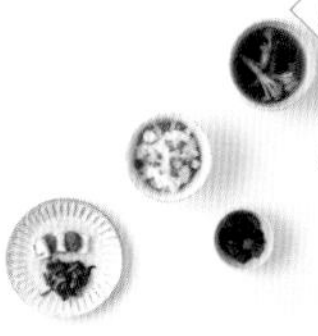

月 練習なし

たこ飯
→P.84

火 練習あり

焼肉
→P.98

水 練習あり

ポークビーンズ
→P.102

木 練習あり

牛肉のポリフェノール煮込み
→P.96

金 練習あり

米粉お好み焼き
→P.110

土 練習あり

高野豆腐ラタトゥイユ
→P.116

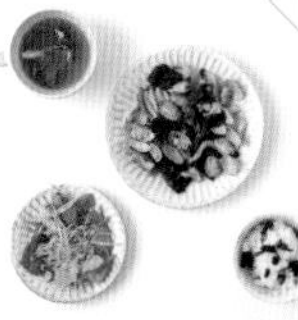

日 試合当日

あさりの蒸し煮とわかめご飯
→P.86

O型は肉が得意なので、週半ばは肉をたくさん食べるメニューでも大丈夫です。その代わり、試合の前後は魚貝類から動物性タンパク質をとるなど、内臓に負担をかけず休ませる日に設定するのがおすすめです。

AB型の1週間の献立の例

月 練習なし

鯖缶サラダ
→P.82

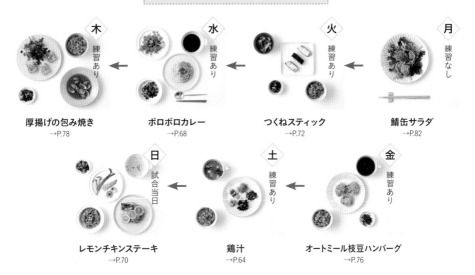

火 練習あり

つくねスティック
→P.72

水 練習あり

ボロボロカレー
→P.68

木 練習あり

厚揚げの包み焼き
→P.78

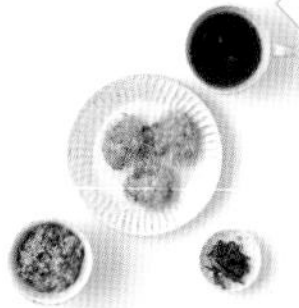

金 練習あり

オートミール枝豆ハンバーグ
→P.76

土 練習あり

鶏汁
→P.64

日 試合当日

レモンチキンステーキ
→P.70

AB型は苦手な食材が少ない傾向にありますが、１度に食べられる量が限られる場合もあるので、小鉢の数やメイン料理の量を調整できるような構成にし、状況に応じて増やしたり減らしたりできる献立にすると良いでしょう。

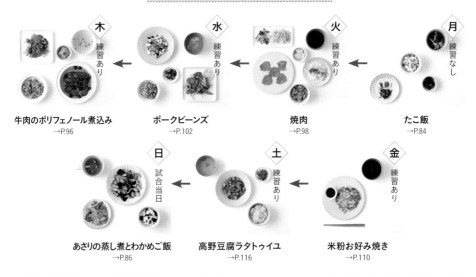

Column

丁寧に生きるということ

ある日、著者が知人に言われて、印象に残っている言葉があります。それは「三戸さんのように、丁寧に暮らしていきたい」ということです。それ以来、「丁寧に生きる」とはどういうことかを考えています。

例えば、私は全国のスポーツ選手の食事を、世代を問わずにサポートしているため、自宅にいない期間も非常に多いです。それでも、子どもにはなるべく自分が作ったものを食べてもらえるように、休日に料理をたくさん作って温めるだけの状態にしたり、出張から帰ってきた時にはその感想を子どもから聞いたりして、できる限りコミュニケーションの場を作るようにしています。子どもだけでなく、夫との関係性も同じです。

限られた時間でまとまった料理を作るために、栄養は確保しつつ、なるべく手間のかからない調理法を考えた結果、２章に掲載されているようなレシピが生まれました。

本書は「個々人の食事タイプに合った献立」を最大のテーマとしていますが、それが実現できるのは、家族の中で体調を共有したり、心の状態を確かめ合ったりして、お互いがお互いを知ることで初めて実現できるものです。今日は調子が良い、あるいは少し体調が優れないといった変化に気付き、それに合わせた料理を出すのは、普段から家族とコミュニケーションをとっているからできること。そうやって家族と、そして自分にも気を配りながら生活していくことが「丁寧に生きる」ということではないでしょうか。

CHAPTER

3

お悩み別食事解消法

体質に合わせた食事を作っても、
子どもが食べてくれなかったり、怪我をしていたり、
あるいは他の悩みがあったりする時は、
どのような食事をとれば良いのでしょうか？
Chapter３では、実際に寄せられた悩みを
食事でサポートする方法を解説します。

Question 1 子どものやる気が出ない

体が「省エネモード」になっている可能性がある

スポーツの練習や試合に行ってもあまり意欲的ではない、そもそも練習や試合に行きたがらないなど、子どもがスポーツに対してあまり積極的ではない時期もあるのではないでしょうか？　人間関係やチームの状況、本人の実力やメンタルなど、いろいろな要因はありますが、ここでは栄養学的な観点から見ていきます。

いわゆる「やる気が出ない」のは、体がエネルギーを節約する省エネモードになってしまっているからです。省エネモードになれば、体を動かしたり考えたりすることにはあまりエネルギーを使わなくなります。では何にエネルギーが使われているかと言えば、食べ物の消化・吸収に使われている可能性があるのです。子どものやる気が出ない場合、前日に何を食べたか、それが子どもの食事タイプに合うものだったか、添加物が入っていたり、高温で揚げたりしていないかを確認しましょう。もしやる気が出ない状態が長く続くようなら、晩ご飯を消化の良い食べ物に変えることも考えてみてください。

また、食事と睡眠の時間もとても重要です。睡眠の直前に食事をとり、眠っている間も消化にエネルギーを使ってしまうような状態では、十分な休息がとれずに翌日の日中を過ごすため、これも体が省エネモードになる原因になります。食事の時間、睡眠の質と時間もよく見直しましょう（→P.50）。

うつ病患者の多くは鉄分不足

もうひとつ考えられる原因は、水と鉄分の不足です。どちらも体に栄養を行き渡らせるために必要なものです。

人間の体は、大人は60%、子どもは70%、胎児に至っては90%が、水分で構成されています。子どもの場合は大人よりも多くの水が必要なのです。水の重要性はP.42で述べたとおりです。１日の水分の摂取量を計算すると、思っていた以上に水が必要であるとわかると思います。なるべくたくさんの水を飲むようにしましょう。

鉄分は血液を作る栄養素です。血液は酸素や栄養を体中に運ぶ役割がありますが、鉄分が不足すれば血行不良を引き起こし、食事でとった栄養の吸収が効率的にできなくなり、これも体の省エネモードを引き起こして、最終的にやる気が出なくなります。鉄分不足が深刻になれば、最悪の場合は自律神経失調症などを引き起こす可能性もあります。メンタル面のダメージが蓄積されるとうつ病になりますが、うつ病患者の多くは鉄分不足と貧血状態にあるというデータもあり、鉄分が多い食事をとることでメンタルの回復を図る場合もあるようです。

血行が悪くなっているかどうかのサインは顔色です。鉄分不足になり血行不良になれば、顔から血の気がなくなったり、唇が紫になったりします。子どもの元気がない、やる気がない時は、顔色を見てあげてください。鉄分を補給できるのは、赤身の肉や魚、豆類、レバー、ひじき、ほうれん草などです。本書のレシピでは、ひじきれんこん（→P.64など）や高野豆腐を入れたラタトゥイユ（→P.１１６）が鉄分豊富なメニューです。うまく組み合わせながら鉄分を補給してください。

Q uestion 2

失敗を怖がって意欲的になれない

怖がることも一種のアレルギー反応

失敗を怖がるのは、過去に失敗をして自分が恥ずかしい思いをしたり、まわりの人から怒られたりするからです。例えば、サッカーでボールを思いっきり蹴ろうとしたが、失敗して怪我をする、野球で自分のところに転がってきたボールをとろうとしたが、キャッチミスをしてチームメイトから怒られる、などです。そういった失敗を経験すると、同じような場面でまた失敗するイメージが頭の中によぎり、自律神経に影響を与えることがあります。

自律神経が乱れると起こる現象が**アレルギー**です。「アレルギー」と聞くと、肌に発疹が現れることを思い浮かべるかもしれませんが、それだけではありません。幼児が幼稚園や保育園で熱を出し、家に帰るところっと平熱に戻ることなども一種のアレルギー反応です。

食事では、**なるべく得意な食材を食べることで、食事によるアレルギー反応を起こさないことを意識します。**そうすれば自律神経に不必要な負荷がかからず、失敗の場面でも自律神経への影響をおさえられる可能性があります。

ただし、食事でできるのはあくまでサポートまで。実際には保護者、指導者、仲間からの声かけや、本人のトラウマ克服が大事になってきます。心と体の相関性は高いので、心を整えるために食事で体を作る、という考え方を持っておきましょう。

Question 3

何かのきっかけですぐ怒ってしまう

血糖値の乱高下が感情のコントロールを妨げる

スポーツをプレーしている中で、自分やチームメイトのプレーに納得がいかず、すぐに怒ってしまったりサジを投げてしまったりする子がいます。そういった感情のコントロールは子どもにはまだ難しいものですが、食事でサポートをすることはできます。

原因のひとつとして考えられるのは、砂糖の摂取による血糖値の乱高下です。お菓子などに含まれている砂糖の摂取により、血糖値が乱高下することは、P.48で解説しました。具体的には、急上昇した血糖値を下げるためにインスリンが分泌され、体のエネルギーが極端に制限されることで、眠くなったり不安を感じたりするようになります。日常的に血糖値の乱高下を繰り返していると、だんだんと精神的に不安定な状態になり、感情の起伏が激しく、怒りやすい不安定な状態になっていくのです。これを「血糖値スパイク」と言います。

砂糖が多く含まれているのは、チョコやケーキ、ドーナツなどの甘いお菓子です。特に注意したいのがグミ。砂糖の中でもスクラロース、アスパルテームといった人工甘味料が使われており、通常の砂糖以上に悪影響を及ぼす恐れがあります。誕生日などのイベントごともあるので、完全に絶つことは難しいですが、おやつにはなるべくおにぎりやサツマイモ、果物、枝豆などを食べ、砂糖が入ったお菓子を食べる時にも、子どもとコミュニケーションをとって食べすぎないようにしましょう。

Question 4 集中力が持続できない

子どもはいろんなことに興味を持つもの

スポーツの練習に来たはずなのに、プレー中に土いじりを始めてしまう。練習の順番を待っている時に、チームメイトと関係のないおしゃべりを始めてしまうといった、いわゆる「集中力がない」という悩みを持つ方も多くいます。

まず大前提として、子どものうちは集中力がないのは仕方のないことだと、保護者側が受け入れることが重要です。大人になったとしても、うまく集中できずに仕事や家事が捗らない日はあるもの。それなのに子どもに集中を求めるのは、ある種の矛盾があります。集中ができないことよりも、いろんなことに関心を持てるなど、プラスの側面を見るようにしてください。

その上で、集中力をサポートする食事はあります。多くの栄養書で書かれているのは、マグネシウムやカルシウムをとることで、神経回路を発達させ、神経伝達のスピードを上げること。もちろんそれも大事ですが、それ以上にご飯をきちんと噛んでいるかどうかが大事です。

口の周辺には脳へつながる神経が多く張り巡らされており、噛むことで脳へ刺激が入り活性化します。一部のスポーツ選手が試合中にガムを噛んでいるのも、集中力アップのため。大根、ごぼうなどの根菜類やきのこといった、咀嚼が必要な食材を食べましょう。また、噛むことは唾液の分泌にもつながり、消化・吸収のサポートにもなります。食事の際はいつも以上に噛むことを意識してみてください。

細胞は脂の膜で覆われている

もうひとつは、有害な油を避けることです。具体的には「トランス脂肪酸」。パン、クッキー、ケーキなどに使われている油、カップラーメン、マーガリン、冷凍食品、ポテトチップスなど、加工食品に多く含まれているものです。

人間の細胞のひとつひとつは、脂の膜で覆われています。その脂を構成するのが、食事から摂取した脂質です。その脂質がトランス脂肪酸などの有害な油から摂取されたものだと、細胞になる時に凝固して、細胞が栄養を吸収しにくくなります。逆に、細胞の中の老廃物の放出もしにくくなり、血栓ができてしまう可能性も高まります。つまり、新陳代謝がしづらくなるのです。

特に影響が大きいのが脳です。脳は60％が脂で構成されており、質の悪い油をとれば、脳の新陳代謝も滞り、五感から得られる情報を正しく処理できなくなり、結果的に集中力の欠如につながる可能性があります。脳の発達は人格形成にも関わるので、悪い脂質を摂取して脳の脂が固まれば、情緒不安定な状態になったり、うつ病を発症したりすることも考えられます。加工食品に含まれている有害な油は、できるだけ避けるのが良いでしょう。

では良質な油とはなんでしょうか？　加工された成分が入っていない油です。α-リノレン酸、ＤＨＡ、ＥＰＡの「オメガ3」と呼ばれる成分が入っている油は、良質な油といえるでしょう。著者が油を買う時は、「オメガ3」に加えて、低圧縮製法で作られているか、酸化していないか、一番搾りのものか、などを確認しています。

もしくは、肉や魚に含まれている油です。こちらは動物が体の中に含んでいる油なので、人間の体にも合いやすい傾向があります。中でも人によって特に合いやすい食材を、本書では血液型ごとに分けて紹介してきたのです。

Question 5 食事の好き嫌いが多く バランスの良い食事ができない

子どもの好き嫌いは基本的に尊重する

せっかく保護者がバランスや食事タイプを考えて献立を用意しても、子どもの好き嫌いが激しく野菜を食べてくれない、というのは、どの家庭にもある悩みです。しかし、嫌いなものを無理やり食べさせるのはよくありません。本書で何度も述べている通り、食事はおいしく楽しいことが大前提。嫌いなものを無理やり食べさせてしまうことで、食事の時間が苦しくなってしまっては元も子もありません。もし子どもが嫌いだというのなら、その料理や食材はしばらく避けた方が良いでしょう。

そもそも、子どもの多くが野菜が苦手な傾向にあるのは何故でしょうか？　それは、子どもの舌は未発達で、大人とは構造が違うからです。子どもの舌はまだ味覚が未発達で、苦味を強く感じるようになっています。ピーマンやブロッコリーなど、子どもが嫌いな野菜の代表格とも言える食材は、基本的に苦いものです。また、小児科でもらう飲み薬がとても甘いのも、苦いと子どもが飲めないから。保護者のみなさんも、子どもの頃には食べられなかったものが、大人になってから食べられるようになった経験があると思います。好き嫌いを保護者に言うのは子どもの甘えのひとつなので、尊重してあげた方が良いでしょう。

一方で、時間が経てば嫌いなものが食べられるようになることもあります。その見極めは、給食や外食など、家庭以外の場所で食べられているかどうかです。外で食べている食材なら、家庭でも食べられるようになっているかもしれません。無理強いをしない範囲で挑戦してみると良いでしょう。

弱火で焼くことが素材の旨みを引き出す

ただし、お菓子を食べたり不規則な食生活になったりして、充分に家庭のご飯を食べられない、という場合は、習慣の改善が必要です。栄養的な偏りが出やすいだけでなく、濃い味付けに慣れた舌が、適正な味やカロリーでは満足できなくなってしまっている可能性があるからです。特に舌が未発達の子どものうちにそういった食習慣に慣れてしまうと、大人になっても濃い味の料理を食べ続け、その蓄積がメタボリックシンドロームなどの生活習慣病を引き起こす要因にもなりかねません。市販のお菓子や外食はおいしいと感じてしまうもの。知識を用いて食事の味や量をコントロールするのは、保護者の役割です。

また、調理法にも気を配ってみましょう。味が濃くなりすぎていないか、調理の際に強すぎる火にかけていないか、この2点がポイントです。味の濃すぎる料理が子どもによくないのは既に説明しました。火加減に関しては、本書のレシピはほとんどの献立で弱火を使用しており、レシピでもそのように記載しています。これはP.45で説明した、魚の調理法と通じます。魚に限らずほとんどの食材は、弱火にじっくりとかけることで、素材の栄養と旨味を壊さずに引き出すことができ、おいしく仕上がるのです。逆に、強すぎる火にかけて旨味が失われた料理には、ケチャップやソース、マヨネーズなど、別の濃い味の調味料で味を足そうとしてしまうため、これもカロリー過多の原因のひとつ。普段の料理の味が濃くなりすぎていないか、強火で作っていないか、思い返してみてください。

どれだけの工夫をこらしても、一向に好き嫌いが改善されず、特定の料理しか食べない、という子どももいます。それは血液型による食事タイプにも当てはまらない、本能的なアレルギーだと捉え、子どもの意思を尊重するようにしましょう。子どもの好きな食材を出し、気長に付き合っていくことで、いずれ味覚や食習慣が変化していくことを待つ方が、保護者の心も楽になるはずです。

Question 6 練習や試合が多く負荷が高くて疲労が抜けない

休むこともトレーニングのひとつ

子どもの疲労が抜けていないことをきちんと見抜けている保護者は、普段から子どもの様子を気にかけている方だと思います。次のステップとして、疲労が溜まった状態でスポーツをせず、休憩するのも競技の一部だと考えられると、より良い状態になるはずです。

そもそも現代の子どもの多くは、学校、習い事、スポーツ、友だちとの遊びなど、大人と同じくらいに多忙な日々を過ごしています。そういった日常の中で知らず知らずのうちに疲労を溜め、その状態で2～3時間のスポーツ活動をすれば、疲労が抜けないのは必然。まずはしっかりと休む勇気を持つことが大切です。

その上で、食事で心がけることは、自分に合った食事を食べることを前提に、消化の良い食材を火が通った状態で食べることと、疲労回復効果のある食事をとることです。疲労回復に効くと言われているのはビタミンBやクエン酸。玉ねぎ、レモン、ニラなどを食べると良いでしょう。本書のレシピではレモンチキンステーキ（→P.70）、豆腐ステーキ（→P.74）、あさりの蒸し煮（→P.86）などがあります。

ところで、「消化に良いもの」と聞くとおかゆなどを想像するかもしれませんが、半固形の食事はあまり噛まずに飲み込んでしまうため、かえって消化に負荷がかかる場合があります。何を食べるにしても、よく噛んで唾液を分泌し、消化をサポートするようにしましょう。

Question

7 怪我の治りが遅い

治療中に消費される栄養素を知る

怪我をして休んでいる期間は、体を作り直すチャンスと捉えましょう。怪我を修復するために、体は普段以上に栄養を欲します。それを過不足なく食事で補給して、回復をサポートすることが重要です。

怪我の種類に関わらず、治療中に必要な栄養素はタンパク質とミネラル類です。タンパク質は体の組織を作り、ミネラル類はタンパク質を吸収することを助け、体の代謝を促します。マグネシウム、亜鉛などをとるようにしましょう。骨折などの骨の怪我ならカルシウムも意識的に摂取します。怪我の治りが遅いのは、マグネシウムや亜鉛といったミネラル類の不足が考えられるため、怪我をしている中での食事で不足していないか、見直してみてください。

また、復帰後の食事も非常に大切です。P.28で、怪我の治療中に栄養の貯蓄が使われていると解説したように、完治したとしても体の中は栄養が枯渇した状態になっています。筋肉系の怪我なら炭水化物やタンパク質、骨の怪我ならカルシウムです。それらの栄養をいつもよりも多めに摂取することで、もう一度貯蓄を作るイメージを持ちます。

こうした食事や栄養素は、少し意識するだけで体に入ってくるものが変わります。子どもがどんな怪我をしたのか、その治療によってどんな栄養素が消費されたのか、それによって何を食べることが必要なのか。本書を読みながら、買い物や調理の際に思い出してみてください。

Question 8 筋肉系の怪我が多い

食事面では血行不良にアプローチする

筋肉系の怪我とは、打撲、肉離れ、試合中なら脚がつる、といった症状を指します。これらの怪我が多い場合、食事で摂取するタンパク質が体に合っていないか、もしくは適切に消化・吸収ができていないことが考えられます。例えばA型の子どもが牛肉を頻繁に食べても、食事のタイプが合わず、せっかくとったタンパク質も吸収されずに排出されてしまっているかもしれません。また、タンパク質のタイプが合っていても、B型の人が苦手な穀物と一緒に食べることでタンパク過多となり、苦手な食材とともに流れてしまっている、といったことも考えられます。まずは排便、平熱、体調などで、子どもの食事タイプがどんな傾向にあるのかを把握しましょう。

また、適切に消化・吸収できていない場合は、タンパク質をとっていてもミネラル類が不足し、適切に体にとり込めていないかもしれません。タンパク質を適切に消化・吸収するには、玉ねぎなどで消化を助けることと、海藻類などに含まれるマグネシウム、亜鉛などのミネラル類を摂取して、吸収を促すことです。タンパク質をとった上で、ミネラル類もセットでとることで、効率よく体に吸収されます。

そして、運動中は水をよく飲んでください。運動中は体の中に貯めてある栄養を消費していることになりますが、その栄養を循環させるのが血液であり、血液の元になるのが水です。運動中は汗をかいて水分が不足しがちなので、なるべくこまめに水を飲むようにしてください。

Q uestion

9 試合前や試合中にトイレに行きたくなる

コップ１杯分の水を30分ごとに飲むのが理想的

まず、お茶やスポーツドリンクを飲んでいないかを確認しましょう。それらの飲み物は利尿作用があり、逆に水分を失ってしまうため、スポーツ選手にはあまり向きません。スポーツドリンクも、砂糖を使って味を整えており、胃の中に長時間とどまるため、著者はおすすめしていません。

水を飲んでいる場合でも、飲み方が悪いことも考えられます。水はただ飲めば良いわけではなく、少量の水をこまめに飲んでいく必要があります。人が水を飲んだ時に一度に吸収できる量は、子どもの場合は１回につき１５０cc～２００cc。コップ１杯分です。これを30分～１時間ごとに飲むサイクルが、もっとも吸収効率の良い飲み方です。５００㎖の水を一度に飲み干すような飲み方では、大部分が尿として排出されてしまいます。夏場になると「こまめに水を飲みなさい」とよく言われるのは、これが理由です。

水が排出されてしまう理由は、血液が薄まってしまうからです。血液は水分からできている物で、血液の生成には水分が必要ですが、あまりに水の割合が増えすぎると、逆に体にとって危険な血中濃度になってしまうため、そうなることを防ぐために体が機能するのです。

また、水を飲む習慣がなかった人が、突然毎日２Ｌの水を飲み始めるのもよくありません。体の中に水分を蓄えておける量は、人によって違います。そしてその量は、水を飲み続けることで徐々に増やしていけるのです。

Question 10 体の柔軟性がない

「柔軟性がある」とは、体の可動域が広いこと

体の柔軟性とは、例えば開脚で脚を広げられる幅が広かったり、前屈で手のひらが床にべったりくっついたり、あるいは上半身をうまくくねらせてフラフープを回したりするなど、体の可動域が広いかどうかを指します。柔軟性がない人は、これらの運動がうまくできず、柔軟体操をしても体がかたかったり、子どもでも運動不足なら肩こりが出たりします。

柔軟性がなくなってしまうのは、特定の筋肉や動きを長い間使わなかったり、血行不良になったりすることで、筋肉や関節が凝り固まってしまうからです。柔軟性がなければ、プレー中にどんな動きが求められるか分からないような競技では、突発的な対応ができず不利になるでしょう。例えばサッカー、バスケットボール、テニスなどは、どこにボールが飛んでくるか分からないので、予測はしつつも臨機応変に対応することが求められます。その時に体を自由に動かせなければ、最悪の場合は怪我をしてしまいます。そういったリスクを避けるためにも、やはり体の柔軟性は必要です。

まずは日頃の運動とストレッチを地道に続けることが一番の解決法です。自分の体を四方八方に動かし、どの部分のどんな筋肉や関節がかたいのか、逆にどの方向には動かせるのか。自分や子どもの体と対話してみてください。

寒い地域で暮らす人は血行が悪い傾向が強い

その上で、食事では血行を良くするサポートをします。血液は酸素や栄養を運ぶ役割があるので、血行が悪くなることは体内の新陳代謝が悪くなることを意味しています。代謝が悪くなれば筋肉はかたくなり、関節周辺の筋肉がかたくなれば、関節もかたくなります。肩こり、野球肘、テニス肘などは、血行改善によって症状が軽くなることがわかっています。

そのため、血行の目安となるのが体温です。P.30で解説したように、体温は代謝の目安となるため、言い換えれば血液がどれだけ順調に流れているかも見ることができます。体の柔軟性がない人の中には、体温が低い人も多いです。子どもなら36・5度を基準に、体温が高いかどうかを測ってみてください。

体温が低い場合は、食事で体を温めるサポートをしていきます。実は、寒い地域に住む人の方が、温暖な地域に住む人よりも血行が悪い傾向があります。体の深部が冷えれば血行が悪くなり、血行不良がまた冷えを生むという悪循環になるからです。冷え症に悩む人の多くが顔色が悪いのも同じ理由です。

体を温める効果があるのは、生姜、人参、ごぼうなど、主に地表から土に向かって生える「陽」の野菜です。本書のレシピでは、塩おでん（→P.１０４）の具を工夫するなどすれば、体を温めることができるでしょう。

血行が悪くなる原因として、もうひとつ見逃せないのが疲労です。肉体の疲労により内臓が正常に機能しなければ、血液の循環も悪くなってしまいます。ビタミンB、クエン酸で疲労回復をサポートしてください。本書のレシピでは、レモンチキンステーキ（→P.70）などが向いています。また、血管が狭くなってしまっている可能性もあります。ビタミンEに血管を広げる効果があるので、アーモンドなどを食べて補給しましょう。もちろん、水を飲むことも忘れずに。

Question 11

試合の翌日に体調を崩してしまう

試合直後は筋肉と同じように内臓も疲労している

スポーツは、パワーが必要なのか、スタミナが必要なのか、スピードが必要なのか、はたまたすべて必要なのか、競技によって性質が異なります。しかし、どんな競技だったとしても、試合のあとはエネルギーを使い果たし、体は疲労しているはずです。その疲労をうまく取り除いてあげないと、試合の翌日に熱を出す、下痢になる、脱水になる、などの症状が出ることがあります。

例えば、試合直後はエネルギーを多く消費しているため、極端な空腹状態です。試合後の選手は多すぎる量の食事を食べたり、よく噛まずに飲み込んでしまったりします。しかし、選手の体は骨や筋肉が疲労しているのと同じように、内臓も疲労しているため、そういった食べ方をしてしまうと弱っている内臓にさらに負荷をかけてしまうことになります。結果、翌日にお腹を壊して下痢になる、というケースは非常に多く散見されます。下痢にならずとも、内臓に負荷をかけたまま眠ることになり、エネルギーを消化に回した結果、熱が出たり頭痛になったりするパターンも多いです。

まずは、体調不良になった場合に、どんな症状が出て、試合直後や試合の日の夜にどんな食事をとったのかを確認しましょう。激しい運動の運動直後は免疫力が落ちているため、たとえ空腹感があったとしても、いつも通りの食事でもうまく消化・吸収できない時があります。

細胞は食事でとった栄養から作られる

著者が最初に選手にすすめるのは、市販のルーを使ったカレーを食べるのをやめること。試合前後にカレーを食べる選手は多いですが、ルーが脂質を多く含んでいるため、血液タイプに関わらずスポーツ選手には向いていません。特に試合後のカレーは下痢になってしまう可能性が高いです。どうしても食べたい時は、ボロボロカレーをすすめています（→P.68）。

下痢の次に多い症状は脱水です。試合で汗をかき、多くの水分を失っているにも関わらず、試合が終わった後の水分補給は疎かになり、食事でも空腹を満たすことが優先になってしまい、水分補給を忘れてしまう人も多くいます。そうなると、体に必要な水分が不足してしまうので、翌日に脱水状態になり、なんとなくだるい、やる気が出ない、ということになりがちなのです。30分ごとにアラームを鳴らして水を飲むなどして、水分補給を忘れないようにしましょう。

また、熱が出てしまう人もいます。これは体がオーバーヒートしている状態と言えるでしょう。これもさまざまな原因が考えられますが、ひとつに特定することはできないため、本書を読み返して、子どもの体に合った食材をとることを第一に考えます。自分に合わない食事を食べて運動するということは、質の良くないガソリンを入れて自動車を運転するようなもの。これを改善するためには、それぞれの体に合った食事（良質なガソリン）を入れるしかありません。

試合前後に関わらず、体調が悪くなった時は、何が原因だったのかを考え、根本から改善していく必要があります。体調を崩す度に病院に行き、場当たり的に薬をもらって治したとしても、同じ原因で体調不良を繰り返してしまっては意味がありません。そして体調不良の多くは、食事で改善できる可能性があります。なぜなら、体を組織する細胞は、食事によって得られる栄養から作られるからです。食事を見直すことは、体と生活を見直すことにつながります。

Question 12 持久力がつかない

食事で栄養を行き渡らせるサポートをする

ここでいう持久力とは、パワーやスピードなどを一定以上の時間で継続できることを意味します。マラソンを一定のペースで長い時間走れる、サッカーやバスケットボールで後半もプレーの質が変わらない、水泳で最後まで泳ぎ切れる、といったことです。

身体的な側面から言えば、心肺機能や筋肉量の不足が考えられます。より強い心肺機能や筋力を持った人が、同じ負荷の運動をしても長く続けられることは明白です。身体機能はそれぞれの子どもの体の成長や特徴に個人差があるので、弱点を重点的に強化したり、体の使い方を見直す必要もあるでしょう。

栄養の観点から持久力へのアプローチを考えると、食事でとった栄養が体に行き渡っていないために、運動途中でエネルギーが切れてしまっている可能性があります。その目安は、体の末端を見ること（→P.52）。爪や髪の毛が傷んでいれば、十分な消化・吸収ができていないのかもしれません。

栄養を行き渡らせるためには、必要かつ自分の体に合った栄養をとった上で、十分な水を飲むことが必要です。炭水化物や肉類から摂取する糖質、タンパク質を、水を飲むことで末端まで行き渡らせます。水の重要性は本書に度々登場していますが、それくらい欠かせないものであると考えてください。

RECIPE INDEX

レシピインデックス

最後に、Chapter2で紹介した
献立の実際の調理法を一覧で掲載します。
レシピには食材の分量が書かれていないため、
適度な量をご自身で調整してください。

ズボラ鶏ハム

(P.62)

《 作り方 》

❶鶏胸肉に塩を振り、密閉できる袋に入れる
❷鍋に湯を沸かし、沸騰したら火を止めて袋ごと鶏胸肉を入れ、1時間放置する
❸みじん切りにした玉ねぎを飴色になるまで炒め、てん菜糖、塩、醤油を入れてソースを作る
❹火が通ったら鍋から取り出し、小分けに切って盛り付け、ソースをかける

《 材　料 》

鶏胸肉／塩／玉ねぎ／てん菜糖（砂糖も可）／醤油

玉ねぎスープ

(P.62、P.70、P.80、P.96、P.116)

《 作り方 》

❶鍋底に塩をひとつまみ入れ、回し切りした玉ねぎを入れる
❷鍋が焦げない程度に水を入れ、弱火で加熱する
❸玉ねぎに火が入ったら水を足し、コンソメを入れて温める
❸皿によそい、パセリをかけて完成

《 材　料 》

玉ねぎ／パセリ／コンソメ／塩／水

切り干し大根の炒めもの

(P.64、P.120)

《 作り方 》

❶切り干し大根をたっぷりの水で戻す
❷戻ったら水を絞り、米油で炒める
❸火が回ったら、醤油、青海苔を入れ、全体に行き渡るように混ぜて完成

《 材　料 》

切り干し大根／青海苔／醤油／水／米油 or ピュアオリーブオイル

アマランサスご飯

(P.62、P.64、P.70、P.74、P.76、P.78、P.88、P.96、P.98、P.102、P.104、P.114、P.118、P.120)

《 作り方 》

❶７分つき米をとぎ、水を定義量入れる
❷黒米、アマランサスをスプーン１杯ずつ入れて、７分つき米と一緒に炊く

《 材　料 》

７分つき米／黒米（なくても可）／アマランサス

青菜のくるみ和え

(P.64、P.76、P.78、P.84、P.92)

《 作り方 》

❶青菜を5cm程度に切り、くるみを刻む
❷青菜をクッキングシートに包みフライパンに置き、蓋をして弱火で蒸す（クッキングシートはなくてもOK）
❸火が通ったらボールに取り出し、刻んでおいたくるみを入れて混ぜる
❹醤油を回しながらかけ、味がなじんだら完成

《 材　料 》

青菜（小松菜、ほうれん草、春菊、ケール、菜の花など）／くるみ／醤油

豆サラダ

(P.62、P.74、P.108)

《 作り方 》

❶ベビーリーフ、ミニトマトを洗い水分を切る
❷皿に盛り付け、スプラウト、ミックスビーンズ、くるみをトッピングする

《 材　料 》

ベビーリーフ／ミニトマト／スプラウト／ミックスビーンズ／くるみ

鶏汁

(P.64)

《 作り方 》

❶野菜を切り、下からニンニク、きのこ、小松菜、人参、大根、ごぼう、の順に重ねる
❷重ねた一番上に味噌を敷き、蓋をして弱火で加熱する。鍋底が焦げそうな場合は水を入れる
❸蒸気が出て野菜が煮込まれる匂いが出てきたら、鶏肉と水を足す
❹鶏肉に火が入ったら完成。お椀に盛り付ける。あおさやネギを足してもOK

《 材　料 》

味噌／ニンニク／きのこ／小松菜／人参／ごぼう／大根／鶏肉／水／あおさ／ネギ

ひじきれんこん

(P.64、P.72、P.74、P.118)

《 作り方 》

❶ひじきを洗って戻し、れんこんを銀杏切り、人参を千切りにする
❷鍋にゴマ油を入れれんこんを炒める
❸次にひじきを入れて炒める
❹ひたひたに被るくらいの水を入れて煮る
❺ひじきが柔らかくなったら醤油と人参を入れ、煮汁がなくなるまで弱火で煮たら完成

《 材　料 》

ひじき／れんこん／人参／ゴマ油／醤油／水

まいたけの味噌汁

(P.66、P.86)

《 作り方 》

❶まいたけを小分けにし、小松菜を3〜5㎝にカットする
❷まいたけと小松菜を鍋に重ねて入れ、弱火にかける。鍋底が焦げそうなら、出汁または水を入れる
❸火が通ったら出汁または水を足し、沸騰するまで火を入れる。
❹火を止めて味噌を溶かし完成

《 材　料 》

まいたけ／小松菜／味噌／好みの出汁／水

マッシュかぼちゃ

(P.64、P.78、P.96)

《 作り方 》

❶かぼちゃを蒸す
❷熱いうちに潰す。皮が硬ければ切って捨てる
❸きな粉、塩を加えて味を整える
❹皿に盛り付け、パセリを添えて完成。スプラウトや乾燥パセリでもOK

《 材　料 》

かぼちゃ／塩／きな粉／豆乳（必要な場合のみ）／パセリ（スプラウト・乾燥パセリ）

野菜の海苔和え

(P.66、P.84、P.92)

《 作り方 》

❶大根をサイコロサイズに切る
❷鍋に大根を入れて蒸す。鍋底が焦げそうだったら水を入れる
❸火が通ったら醤油を入れて味を調整する
❹鍋から取り出し、細切りの海苔をまぶして完成

《 材　料 》

大根（カブ、ごぼう、れんこんも可）／海苔／水／醤油

和風カプレーゼ

(P.64、P.84)

《 作り方 》

❶豆腐を水切りする（キッチンペーパーに置くだけでもOK）
❷豆腐とミニトマトを食べやすい大きさに切る
❸紫蘇をちらし、オリーブオイルをかけて完成。好みで塩をかけてもOK

《 材　料 》

豆腐／ミニトマト／紫蘇／アマニ油 or オリーブオイル／塩

ビーツのスープ
(P.68)

《 作り方 》

❶ビーツを小さめにカットし、圧力鍋で煮込む。普通の鍋でもOK
❷ベジブイヨンで味を整えて完成

《 材　料 》

ビーツ／ベジブイヨン or コンソメスープの素

くるみサラダ
(P.68)

《 作り方 》

❶ベビーリーフ、スプラウトを洗って水分を切る
❷皿に盛り付けて、くるみをトッピングする
❸オリーブオイル、塩、醤油などで味を調整する

《 材　料 》

ベビーリーフ／スプラウト／くるみ／アマニ油 or オリーブオイル／醤油／塩

ボロボロカレー
(P.68)

《 作り方 》

❶玉ねぎ、ニンニク、生姜をみじん切りにし、きのこを刻む
❷フライパンに油を少し敷き、きのこ、玉ねぎ、ニンニクと生姜、ひき肉の順に重ねる
❸一番上のひき肉に塩をひとつまみ振りかけ、蓋をして弱火にかける。焦げそうなら少し水を入れる
❹火が通ったら、ひき肉を切るようにくずしながら混ぜる
❺カレーパウダーを入れ、味を整える。水気がほしい時は豆乳を入れる
❺ターメリックライスと一緒に盛り付けて完成

《 材　料 》

ひき肉（鶏）／玉ねぎ／ニンニク／生姜／きのこ（えのき）／カレースパイス／塩／好みの野菜

手羽元スパイス焼き
(P.66)

《 作り方 》

❶鶏の手羽元にスパイスミックス、塩を振り、なじませる
❷フライパンまたはオーブンで焼いて完成

《 材　料 》

手羽元／スパイスミックス or こしょう／塩

ベビーリーフのサラダ
(P.66)

《 作り方 》

❶まずはドレッシングを作る人参をすりおろし、ゴマ油を加えて粘りを出し、塩で味を整える
❷ベビーリーフを洗い、水を切り、皿に盛り付けてくるみをトッピングする
❸人参ドレッシングをかけて完成

《 材　料 》

人参／ゴマ油／塩／ベビーリーフ／くるみ

ターメリックライス
(P.66、P.68、P.80、P.116)

《 作り方 》

❶通常通り米を洗い、炊飯器にセットする
❷ターメリック、オリーブオイル、ニンニクを入れて米を炊く
❸器に盛り、刻んだパセリを振りかけて完成

《 材　料 》

米／ターメリック／オリーブオイル／ニンニク／パセリ

鶏肉のつくねスティック

(P.72)

《作り方》

❶玉ねぎ、かぼちゃの種、きのこをみじん切りにする。かぼちゃの種はあらめに切る
❷山芋をすりおろし、ミンチ、玉ねぎ、大きめかぼちゃの種、きのこ、米粉をボールに入れ、スプーンで切るように混ぜ合わせる
❸卵焼き用フライパンに油を薄く引き、先に海苔を敷いて、②を流し込むスプーンで形を整えて蓋をして弱火で焼く
❹火が通ったらひっくり返して反対面も焼く
❺焼きあがったら好みの大きさと形にカットして完成

《材　料》

鶏もも肉(ミンチ) ／玉ねぎ／かぼちゃの種(ドライ)／きのこ(えのき、しめじ等) ／山芋／海苔／米粉／油

まいたけのお吸い物

(P.72)

《作り方》

❶まいたけを食べやすく小分けにして、鍋に入れ、まいたけが被るくらいの水を入れ火にかける
❷沸騰したら水を足し、昆布粉末と醤油を入れながら味を整えて完成

《材　料》

まいたけ／昆布粉末(なくてもOK) ／醤油／昆布出汁(水出し昆布水)

アマランサス豆ご飯

(P.72)

《作り方》

❶アマランサスご飯を炊く
❷グリンピースをフライパンに入れ、弱火で火入れをする
❸少しオリーブオイルと塩で味を付ける
❹①②③を混ぜ合わせて完成

《材　料》

グリンピース／アマランサス／黒米／７分つき米／塩

ひじきとかぼちゃとズッキーニのマリネ

(P.68、P.70、P.102)

《作り方》

❶ひじきを水で戻し、鍋にオリーブオイルを入れ炒める。火が通ったら一旦さらに置く
❷ズッキーニ、かぼちゃを食べやすく切り、鍋で炒める
❸①②を同じ皿に入れ、醤油と穀物酢で合わせる
❹バジルをちぎって入れる(なくても可)

《材　料》

ひじき／ズッキーニ／かぼちゃ／バジル／醤油／穀物酢／オリーブオイル

焼き野菜のプレート

(P.70)

《作り方》

❶野菜を食べやすい大きさに切る
❷クッキングシートで包み、フライパンに置いて弱火を入れる(クッキングシートがない場合、フライパンに蓋をして弱火を入れる)
❸オリーブオイルと塩で味を調整して完成

《材　料》

アスパラ／パプリカ／芽キャベツ／エリンギ／好みの野菜／オリーブオイル／塩

レモンチキンステーキ

(P.70)

《作り方》

❶レモンを輪切り、生姜をスライスして、鶏もも肉に貼り付ける
❷密閉できる袋に入れて醤油を回しかけ、袋を閉じて30分置き、味を染み込ませる
❸味が染みた鶏もも肉をフライパンに入れ、弱火で焼き色がつくまで焼いて完成

《材　料》

鶏もも肉／レモン／生姜／醤油

もずくスープ

(P.76、P.94、P.110)

《 作り方 》

❶もずくを洗い鍋に入れ、水を入れて加熱する
❷沸騰したら、醤油、ゴマ、小口ネギを入れて味を整えて完成

《 材　料 》

もずく／ゴマ／醤油／小口ネギ／水

オートミール枝豆ハンバーグ

(P.76)

《 作り方 》

❶湯を沸かし、塩とオートミールを入れ、弱火でかき回しながら約５分煮る
❷火を止めて２〜３分蒸らす
❸干しシイタケ、玉ねぎ、人参は刻んで油で炒める
❹弱火の蒸し煮でしっかり火を入れる
❺②と④をボウルに入れ、枝豆を合わせてよく混ぜる。水気が多すぎたら米粉を入れ固くして、タネを作る
❻タネを成型し、米油やオリーブオイルで焼く。火が通ったら少し醤油を入れて完成。トッピングにスプラウトをのせてもOK

《 材　料 》

オートミール／玉ねぎ／干しシイタケ／人参／枝豆／ブロッコリースプラト／醤油／塩／米粉／米油(オリーブオイル)

あおさの味噌汁

(P.78、P.100)

《 作り方 》

❶おわんに味噌、粉末出汁や昆布粉末、あおさを入れて湯を注ぐ
❷味噌を溶かすように混ぜて完成

《 材　料 》

あおさ／昆布などの出汁／玄米味噌

豆サラダ

(P.62、P.74、P.108)

《 作り方 》

❶ベビーリーフを洗って、水分を切っておく
❷皿に盛り付けて、スプラウトとミックスビーンズをトッピングして完成

《 材　料 》

ベビーリーフ／ブロッコリースプラウト／ミックスビーンズ

豆腐ステーキ

(P.74)

《 作り方 》

❶木綿豆腐を水切りする
❷水を切った木綿豆腐をキッチンペーパーで拭き、鰹節をまぶす
❸フライパンにオリーブオイルを敷き、豆腐の表面を焼く
❹醤油をたらして水分を飛ばし完成。甘たれにしたい時は醤油にてん菜糖を溶かしておく

《 材　料 》

木綿豆腐／鰹節／醤油(てん菜糖)／オリーブオイル

あさりのスープ

(P.74、P.90、P.92、P.106)

《 作り方 》

❶平らな皿にあさりが被る程度の塩水を入れて砂抜きをする
❷砂抜きが終わったら、あさりをざっと洗って鍋に入れ、水を入れて火にかける
❸貝が開いたら醤油を入れて味を整える
❹皿に盛り、パセリをちらして完成

《 材　料 》

あさり／イタリアンパセリ／醤油／水／塩

エビチリ

(P.80)

《 作り方 》

❶トマトを洗いフライパンにのせ、蓋をして弱火にかける
❷その間、玉ねぎ、ニンニク、生姜をみじん切りにしておく
❸トマトの皮がめくれてきたら皿に移し、冷ましてから皮をはぐ
❹エビの殻を剥き塩水につける
❺フライパンに油を敷き、玉ねぎ、ニンニク、生姜を弱火で炒める。火が通ったら皿に移す
❻同じフライパンにトマトを入れ、潰しながら火にかけて水分を飛ばす
❼白ワインを大さじ２，３杯程入れ、ひと煮立ちさせてアルコールを飛ばす
❽ブラウンシュガーかはちみつ、塩、醤油、豆板醤で味を整え、皿に移す
❾エビを洗って背ワタをとる
❿同じフライパンに少し油を敷き、エビを炒める
⓫軽く火が通ったら⑤を入れて炒める
⓬火が入ったら⑧を入れて炒める
⓭好みで豆板醤を入れ、味が整ったら完成

《 材　料 》

ニンニク……１かけ／生姜……少々／玉ねぎ……中２個トマト……中サイズ５個／エビ……８尾程度／豆板醤 or 赤味噌／料理酒 or 白ワイン……大さじ２杯／醤油／ブラウンシュガー or はちみつ／塩／油（オリーブオイル、ゴマ油もOK）

くずし豆腐のすまし汁

(P.84)

《 作り方 》

❶もめん豆腐を崩してきのこをほぐし、鍋に入れる
❷出汁、または水と粉末出汁を入れ火にかける
❸醤油で味を整えて完成。

《 材　料 》

もめん豆腐／きのこ／醤油／出汁／水

厚揚げの包み焼き

(P.78)

《 作り方 》

❶厚揚げ、えのきを食べやすい大きさに切る
❷味噌と豆乳を同等比で混ぜ合わせてソースを作る
❸クッキングシートに①をのせ、ソースを回しかける。
❹フライパンにのせて弱火にかけ、蓋をする。きのこがしんなりして火が入ったら完成
❺青海苔、スプラウト、パセリなどを好みでトッピングする

《 材　料 》

厚揚げ／きのこ（えのきなど）／味噌／成分無調整豆乳／青海苔／スプラウト／パセリ

黒豆

(P.78)

《 作り方 》

❶黒豆を洗って3カップくらいの水に一晩戻す。
❷圧力鍋に水400mlと黒豆を入れて煮立てる。
❸煮立ったらアクをとり、甘味と醤油を入れ、高圧なら10分、低圧なら14分間自然冷却して完成。一晩寝かすと尚良い

《 材　料 》

黒豆／甘味（てん菜糖、砂糖など）／醤油

鯖缶サラダ

(P.82)

《 作り方 》

❶パプリカを刻む
❷鯖缶とパプリカを混ぜ、穀物酢、醤油で和える
❸野菜を洗って皿に盛る
❹野菜の上に鯖とパプリカの和え物をのせて完成

《 材　料 》

鯖缶／ほうれん草やベビーリーフなどリーフ系サラダ／パプリカ／穀物酢／醤油

くるみと人参のベビーリーフサラダ

(P.86)

《 作り方 》

❶ベビーリーフとブロッコリーとスプラウトを洗い水分を切る
❷①を皿に盛り付け、刻んだくるみをちらし、塩とオリーブオイルをかけ、好みでバルサミコ酢をかけて完成

《 材　料 》

ベビーリーフ／ブロッコリースプラウト／くるみ／人参／塩／バルサミコ酢／オリーブオイル

たこ飯

(P.84)

《 作り方 》

❶たこ、ニンニクを刻む
❷米を洗い、たこ、ニンニク、根昆布を入れる
❸水をやや少なめなくらい入れ、塩を適量振って炊く
❹炊き上がったらよく混ぜて、パセリをのせて完成

《 材　料 》

たこ／ニンニク／根昆布／米／塩

油揚げの味噌汁

(P.88)

《 作り方 》

❶油揚げを刻んで鍋に入れ、出汁を入れて煮る
❷火が通ったら火を止めて味噌を溶かす
❸器に盛り小口ネギをちらす

《 材　料 》

油揚げ／小口ネギ／玄米味噌／出汁

あさりの蒸し煮

(P.86)

《 作り方 》

❶あさりを砂抜きし、小松菜を食べやすい大きさに切る
❷あさりと小松菜をフライパンに入れ、弱火で蒸す。フライパンが焦げそうな時は水を入れる
❸貝が開いたら完成

《 材　料 》

あさり／小松菜／好みの野菜

焼き野菜

(P.88)

《 作り方 》

❶アスパラ、スナップエンドウを食べやすいサイズにカットしてクッキングシートで包む
❷フライパンに置き弱火で焼く。クッキングシートがない場合は蓋をする
❸焼き上がったらオリーブオイルと塩をかけて完成。ミニトマトを添えてホタテステーキと同じ皿に盛る

《 材　料 》

アスパラ／スナップエンドウ／オリーブオイル／塩／ミニトマト

わかめご飯

(P.86、P.92)

《 作り方 》

❶通常通り米を洗い、炊飯器にセットする
❷アマランサスを大さじ１杯入れて炊く
❸わかめを食べやすく切り、ゴマ油で炒め、仕上げにゴマ、醤油をかける
❹②③を合わせて混ぜ合わせる

《 材　料 》

米／アマランサス／わかめ／ゴマ／ゴマ油／醤油

人参のラペ

(P.92)

《 作り方 》

❶人参を千切りにする
❷てん菜糖を振りかけ人参を混ぜて味をなじませる
❸人参がしんなりしたらひとつまみの塩とバルサミコ酢を入れ、良くかき混ぜて完成

《 材　料 》

人参／てん菜糖／塩／バルサミコ酢（お酢）

ホタテステーキ

(P.88)

《 作り方 》

❶味噌と成分無調整豆乳を同等比で混ぜてソースを作る
❷オリーブオイルでホタテを焼き、ソースをかける
❸味がなじんだら完成

《 材　料 》

ホタテ／味噌／成分無調整豆乳

じゃこ大根葉丼

(P.90)

《 作り方 》

❶大根の葉を刻み、ゴマ油で炒める
❷火が入ったら、じゃこ、ゴマを入れ、塩または醤油で味を整える
❸アマランサスご飯にかけて完成

《 材　料 》

7分つき米／黒米／アマランサス／じゃこ／大根の葉／ゴマ／醤油／塩

サーモンの包み焼き

(P.92)

《 作り方 》

❶玉ねぎを刻み、きのこを小分けにする
❷クッキングシートに鮭の切り身、玉ねぎ、きのこを入れる
❸味噌と成分無調整豆乳を同等比で混ぜ合わせ、②に入れる
❹フライパンにのせ、弱火にかけ蓋をして蒸す
❺全体に火が通ったら完成

《 材　料 》

鮭切り身／玉ねぎ／きのこ／味噌／成分無調整豆乳

三食ナムル
(P.98)

《 作り方 》

❶食べやすい大きさに切った野菜をフライパンに入れ、弱火で火にかける。クッキングシートに包み焼きにしても良い
❷火が入ったらボールに入れ、ゴマ油、ゴマ、醤油をかけて混ぜ合わせて完成

《 材　料 》

もやし／小松菜／人参／ゴマ油／ゴマ／醤油

オイルサーディン丼
(P.94)

《 作り方 》

❶オイルサーディンに醤油をかけ味をなじませる
❷ご飯にオイルサーディンをのせ、刻んだ梅干しと紫蘇をちらし、ゴマをトッピングして完成

《 材　料 》

オイルサーディン／梅干し／紫蘇／醤油／ゴマ

玉ねぎのソテー
(P.98)

《 作り方 》

❶玉ねぎを回し切りにする
❷フライパンにオリーブオイルを敷き、回し切りをした玉ねぎをのせて蓋をする
❸弱火でクタクタになるまで火を入れ、火が通ったら皿に盛り仕上げにパセリをちらして完成

《 材　料 》

玉ねぎ／パセリ／オリーブオイル

牛肉のビーフポリフェノール煮込み
(P.96)

《 作り方 》

❶牛肉に塩を振り、弱火でじっくり焼く
❷火が通ったら、ブルーベリーとバルサミコを入れ煮込む
❸ブルーベリーに火が通りクタクタになってきたら火を止める
❹皿に盛りパセリを添えて完成

《 材　料 》

牛肉／ブルーベリー／バルサミコ酢(なしも可)／塩
パセリ

アスリート牛丼
(P.100)

《 作り方 》

❶きのこを食べやすく分け、玉ねぎを回し切りする
❷鍋にきのこ、玉ねぎ、牛肉を入れて重ね煮する。鍋が焦げそうなら水を入れる
❸火が通ったらてん菜糖、醤油を入れて味をなじませる
❹米と一緒に器に盛って完成

《 材　料 》

牛肉／玉ねぎ／きのこ／てん菜糖／醤油／米

焼肉
(P.98)

《 作り方 》

❶フライパンを温め肉を焼く
❷片面が焼けたら裏返し、もう片面を焼く
❸さらに盛り付けて完成

《 材　料 》

牛肉(タン、サガリ、ハラミなど赤身肉) or 鶏肉

塩おでん

(P.104)

《 作り方 》

❶すべての具、昆布、塩を圧力鍋に入れ加圧する。圧力鍋がない場合は、通常の鍋に入れ弱火でじっくり煮る

《 材　料 》

手羽元／好みの野菜／厚揚げ／昆布／塩／その他好みの具

お稲荷さん

(P.106)

《 作り方 》

❶鍋に油揚げを敷きつめ、被るくらいの出汁を入れる
❷弱火にかけ、沸騰するまで煮詰める
❸煮詰まったら火を止め、てん菜糖と醤油を入れて味を整える
❹冷めたら油揚げの中に米を入れ、好みの具をのせて完成

《 材　料 》

油揚げ／てん菜糖／出汁（or 顆粒）／醤油／米

ポークビーンズ

(P.102)

《 作り方 》

❶肉を細かく切る
❷肉とミックスビーンズを鍋に入れ、塩、醤油、水を入れて煮る
❸火が通ったら皿に盛って完成

《 材　料 》

豚肉（鶏肉）／ミックスビーンズ／塩／醤油／水

焼き野菜とリーフのサラダ

(P.102)

《 作り方 》

❶野菜を食べやすい大きさに切る
❷切った野菜をフライパンに並べ弱火にかける。クッキングシートで包み焼きにしてもOK
❸皿にリーフを敷き、焼いた野菜をのせ、オリーブオイルと塩をかけて完成

《 材　料 》

れんこん／芽キャベツ／スナップエンドウ／リーフ／オリーブオイル／塩

玉ねぎの味噌汁

(P.102)

《 作り方 》

❶玉ねぎを回し切りする
❷鍋に玉ねぎを入れて弱火にかける。鍋底が焦げそうだったら水を入れる
❸出汁と水を足して、湯が沸いたら火を止める
❹味噌を溶かして完成

《 材　料 》

玉ねぎ／出汁／玄米味噌

蕎麦つゆ

(P.112)

《 作り方 》

❶ティーパックに鰹節を入れ、煮立てて出汁をとる
❷出汁、醤油、てん菜糖、水を鍋に入れて煮立てる

《 材　料 》

醤油／鰹節orカツオ醤油／てん菜糖／水

レインボーアクアパッツァ

(P.114)

《 作り方 》

❶野菜を食べやすいサイズに切り、貝は砂抜きをしておく
❷具材をすべてフライパンに入れ、塩を少し振りかけ、フライパンに蓋をして弱火にかける
❸火が通ったら完成

《 材　料 》

白身魚／貝類／好みの野菜（カラー大根、小松菜、人参、エリンギ）

高野豆腐ラタトゥイユ

(P.116)

《 作り方 》

❶高野豆腐を水で戻し、絞って食べやすい大きさに切る
❷野菜を食べやすい大きさに切る
❸高野豆腐と野菜を鍋に入れ、ひたひたになるくらいの水を入れて火にかける
❹火が通ったら、コンソメとてん菜糖で味を整えて完成

《 材　料 》

高野豆腐／パプリカ／トマト／玉ねぎ／ズッキーニ／その他好みの野菜／てん菜糖／コンソメ

フォー

(P.108)

《 作り方 》

❶水、チキンブイヨン、ネギなどを鍋に入れ火にかける
❷火が通ったら米麺を入れて煮る。煮ている間にズボラ鶏ハムを用意する
❸麺に火が通ったら器に盛り、鶏ハムとパクチーをのせて完成

《 材　料 》

米麺／鶏ハム／塩／チキンブイヨンまたは鶏ガラスープ／パクチー（イタリアンパセリ、スプラウト、ネギなどで代用可）

米粉お好み焼き

(P.110)

《 作り方 》

❶具材を食べやすい大きさに切り、山芋はすりおろす
❷米粉、鰹節粉、①の具材を合わせてよく混ぜる
❸豆乳を入れてさらに混ぜ、なめらかなタネにする
❹フライパンに油を敷き、タネを流し込み、両面じっくり焼いて完成

《 材　料 》

米粉／山芋／鰹節粉／キャベツ（または白菜）／成分無調整豆乳 or 水／その他好みの具／油

十割蕎麦

(P.112)

《 作り方 》

❶蕎麦を茹ではじめる
❷鶏肉と油揚げを小さく切り、醤油、てん菜糖、水で煮込む
❸小松菜、もやしをクッキングシートに入れて蒸す
❹茹であがった蕎麦を米油を敷いたフライパンで炒め、少し放置して焦げ目をつける
❺野菜、肉と一緒に器に盛り完成

《 材　料 》

十割蕎麦／鶏肉／油揚げ／醤油／てん菜糖／小松菜／ネギ／刻み海苔／もやし／米／油

わかめスープ

(P.98)

《 作り方 》

❶わかめを食べやすい大きさに切る
❷水とわかめを鍋に入れ火にかける
❸沸騰したら醤油と出汁を入れて味を整える。ゴマ油をたらしてもOK

《 材　料 》

わかめ／醤油／出汁

切り干し大根とひじきの和え物

(P.88、P.117)

《 作り方 》

❶ひじき、切り干し大根を洗う
❷人参、生姜を千切りにする
❸鍋に油を入れて①を炒め、出汁をひたひたに入れて煮る
❹しばらく煮て人参と生姜を加え、醤油で味を整えて完成

《 材　料 》

切り干し大根／ひじき／人参／生姜／出汁／醤油

ミートベジ

(P.118)

《 作り方 》

❶きのこ、白菜、豚肉を食べやすい大きさに切る
❷深めのフライパンに、下からきのこ、白菜、豚肉の順で重ね、塩をひとつまみ振る
❸蓋をして弱火にかけ、火が通ったら醤油をさっとかける
❹器に盛り、トッピングにスプラウトをかけて完成

《 材　料 》

きのこ／豚肉（鶏肉）／白菜（キャベツ）／塩／醤油／スプラウト

小松菜と油揚げの味噌汁

(P.118)

《 作り方 》

❶具を食べやすい大きさに切る
❷油揚げ、小松菜、水を鍋に入れ、弱火にかける
❸火が通ったら火を止めて、出汁と玄米味噌で味を整え、小口ネギをちらして完成

《 材　料 》

小松菜／油揚げ／小口ネギ／出汁／玄米味噌

豆乳鍋

(P.120)

《 作り方 》

❶具材を食べやすい大きさに切る
❷鍋に水、昆布、塩、野菜、豆腐を入れ火をつける
❸煮立ってきたら鰹節、豆乳、サーモン、鶏肉を入れる
❹塩で味を整えて完成

《 材　料 》

刺身用サーモン／鶏肉／昆布／鰹節／成分無調整豆乳／春菊（小松菜、ほうれん草、ケールなど葉野菜）その他好みの野菜

おわりに

この本の一番の目的は、「個々の体質や体調に合わせた最適な食事を選べるようになること」です。基礎的な栄養学は踏まえつつも、個人や環境によって必要な食材が違うことを、この本では述べてきました。

適切な食材と料理を選ぶために必要なことは、子どもと向き合い、子どもの様子を観察し続けることです。実は、この本でもっとも伝えたかったのはこの部分。普段の子どもの様子を注意深く見ているからこそ、今は調子が良いのか、少し元気がないのか、といった変化に気づくことができるのです。

そしてもうひとつ伝えたいのは、保護者自身が健康でいることです。私に寄せられてくる「子どもの体調がよくない」という相談の中には、保護者の体調もあまり良くないことが多くあります。保護者を含め、ともに生活する人の不調は子どもにも伝染するもの。子どもに元気でいてもらうためには、自分も健康でいることが大切なのです。

私は、自分の体は自分だけのものではないと思っています。私の体調が崩れれば、家族は心配し、仕事や友人との予定にも影響が出てきます。自分の体を大切にすることは、同時にまわりの人を大事にすることでもあるのです。

この本を手に取ってくださったのは、子どものことを考え、子どもの食事に気をつけて、少しでも良い料理を提供したいからだと思います。その気持ちを大事にしながら、そして同時に自分のことも大切にしながら、この本を参考に料理を作り、丁寧な暮らしを送っていきましょう。

フードトレーナー　三戸真理子

《プロフィール》

フードトレーナー　三《み》戸《と》真《ま》理《り》子《こ》

福岡県出身。学生時代よりスポーツ医学を学ぶ。2008年よりドイツ、アメリカなどでパーソナル栄養学の現場修行、および血液栄養の研究に携わる。2014年、フードトレーナーとして独立。小学生の娘をもつ。プロフェッショナルのパフォーマンス向上に繋がる食事の提案を得意とし、栄養分析、エネルギー分析なども行いながら、日本初の、遺伝子や血液タイプに合わせた食事の提案も行う。ポジティブで、パフォーマンス良く、健康であり続けるための食事を、予防医学の観点からアプローチしサポートしている。プロサッカー選手（Jリーグ所属）やオリンピック競技者、女優、モデル、経営者の方々へ、ライフスタイルに合わせたパーソナライズされた食生活を提案。その他、スポーツ関連企業のコンサルティング、お弁当やお菓子の商品開発のサポート及び監修も行う。

〈HP〉http://mitomari.com/jp/　〈Instagram〉@mitomari_food

装幀・本文デザイン・DTP	黒須直樹
カバー写真	Shutterstock、iStock
レシピ写真	越智達也
本文イラスト	すずき匠
企画・編集	中村僚（Ryo Editor）
編集協力	勝又裕子
企画協力	川崎フロンターレ、（有）ケンプランニング
編　集	滝川昂（株式会社カンゼン）

10代スポーツ選手のための

パーソナルフードトレーニング

最先端の栄養学に基づく新しい食事バイブル

発行日　2020年7月3日　初版

著者　三戸 真理子

発行人　坪井 義哉

発行所　株式会社カンゼン

〒101-0021

東京都千代田区外神田2-7-1 開花ビル

TEL 03（5295）7723

FAX 03（5295）7725

http://www.kanzen.jp/

郵便為替 00150-7-130339

印刷・製本　株式会社シナノ

ISBN 978-4-86255-554-0

Printed in Japan

定価はカバーに表示してあります。

ご意見、ご感想に関しましては、kanso@kanzen.jpまでEメールにてお寄せ下さい。

お待ちしております。